O LIVRO DOS VALORES E DAS VIRTUDES

CLAUDIA BOACNIN

O LIVRO DOS VALORES E DAS VIRTUDES

UM GUIA PARA O CULTIVO DIÁRIO
E CONSCIENTE DOS VALORES HUMANOS

Ilustrações de
SERGIO PEREIRA BOACNIN

Editora
Pensamento
SÃO PAULO

Dados Internacionais de Catalogação na Publicação (CIP)
(Câmara Brasileira do Livro, SP, Brasil)

Boacnin, Claudia
O livro dos valores e das virtudes / Claudia Boacnin ; ilustrações de Sergio Pereira Boacnin. -- São Paulo : Pensamento, 2008.

ISBN 978-85-315-1542-2

1. Atitude (Psicologia) 2. Auto-ajuda 3. Conduta de vida 4. Desenvolvimento pessoal 5. Valores (Ética) I. Boacnin, Sergio Pereira. II. Título.

08-04260 CDD-158.1

Índices para catálogo sistemático:
1. Valores e atitudes : Auto-ajuda : Psicologia aplicada 158.1

O primeiro número à esquerda indica a edição, ou reedição, desta obra. A primeira dezena à direita indica o ano em que esta edição, ou reedição, foi publicada.

Edição	Ano
1-2-3-4-5-6-7-8-9-10-11	08-09-10-11-12-13-14

Direitos reservados
adquiridos com exclusividade pela
EDITORA PENSAMENTO-CULTRIX LTDA.
Rua Dr. Mário Vicente, 368 — 04270-000 — São Paulo, SP
Fone: 2066-9000 — Fax: 2066-9008
E-mail: pensamento@cultrix.com.br
http://www.pensamento-cultrix.com.br

É com amor que dedico este livro à minha família:
Corina, Daniel, Sergio, Simone, Felipe e Fernanda.

Quanto vale uma flor, o sorriso de uma pessoa, um bichinho de estimação, um telefonema de um amigo em um dia em que você se sente muito sozinho, um beijo em quem você ama, uma palavra carinhosa, um bom banho, uma cama quentinha, o alimento, um teto sob o qual se possa viver, um gole de água quando temos sede, ter fé na vida, o seu corpo funcionando perfeitamente, cada um de seus sentidos? Quanto vale o canto, a música, a dança, o sol, a chuva, uma nuvem, uma árvore, um animal, uma montanha, a terra, uma semente germinando, o vento, o ar, a natureza, o mar, uma estrela, uma criança aprendendo a andar, sua família, um idoso transmitindo sua sabedoria, o aprendizado, a luz, um par de mãos dadas, um pássaro voando? Quanto vale o tempo, o amor, a paz, a gratidão, o perdão, a honestidade, a bondade, a justiça, a integridade, a verdade, a harmonia?

AGRADECIMENTOS

Agradeço à minha família e aos meus amigos pela presença amorosa, pela força e pelo apoio.

Agradeço ao meu querido e talentoso irmão, Sergio, pelas lindas ilustrações.

Agradeço a Mônica, pessoa preciosa, pelo carinho e pelo prefácio.

Agradeço ao meu amigo Papo (Carlos Alberto Moura Guidi) por estar sempre ao meu lado, colaborando e me incentivando nos meus projetos.

Agradeço ao meu editor, Ricardo Riedel, e a equipe da Editora Pensamento pelo atencioso trabalho dispensado na composição deste livro.

Agradeço as pessoas que pensaram, cultivaram e viveram os bons Valores Humanos, criando um tipo de "biblioteca" numa dimensão superior, disponível ao meu acesso e ao de todos que querem sintonizá-la pelo poder de sua intenção.

Agradeço àqueles que convidaram os Valores mais elevados a fazer parte deles e que com isso estão auxiliando na cura da Terra e no aumento do nível de consciência do Planeta e da Humanidade.

Agradeço a Deus/Deusa, luz maior, e aos meus anjos protetores e inspiradores.

Enfim, minha gratidão a tudo e a todos os eventos e pessoas que me trouxeram até aqui e ajudaram a moldar quem eu sou agora, contribuindo, assim, para que *O Livro dos Valores e das Virtudes* fosse realizado.

ÍNDICE

ÍNDICE DOS VALORES

Valores são como pontes de luz que nos levam a ser melhores.

PREFÁCIO

Não é nada fácil crescer e viver os desafios da vida sendo os seres humanos que somos! São tantas e tantas as histórias e emoções humanas...

Sabemos que os sentimentos e as emoções foram sempre praticamente os mesmos durante os milênios de evolução, mas a consciência humana foi se transformando e se expandindo cada vez mais e, à medida que a consciência humana se amplia, o contato, o exercício e a preservação dos valores humanos vão se tornando cada vez mais necessários.

Viver em sociedade requer muito cuidado e atenção, tanto consigo mesmo quanto com os outros.

Atenção e cuidado com as luzes e sombras que fazem parte da natureza humana e que, consciente ou inconscientemente, são capazes de maravilhosas criações, assim como assustadoras destruições.

Tomar consciência dos valores humanos, bem como desenvolvê-los e fortalecê-los, é fundamental para a vida em sociedade; afinal, se nos dermos conta, "somos todos um" neste organismo planetário que busca a cura de suas feridas e a construção cada vez mais inteira e verdadeira de um mundo melhor.

Temos lido e falado muito a respeito da necessidade de cultivar valores "bons e elevados". As religiões têm tentado, cada uma a seu modo (muitas vezes usando o medo e o poder como instrumentos de sedução e manipulação), aproximar as pessoas dos valores éticos, espirituais, sociais e emocionais.

Cada religião criou a sua própria linguagem visando orientar as pessoas no caminho espiritual, mas nem sempre elas conseguem alcançar o seu propósito. Podemos perceber que, muitas vezes, o ser humano acaba transformando a religião em instrumento de preconceito, competição, isolamento e desamor.

Porém, acima e independentemente das religiões e filosofias, está o próprio ser humano que traz, em sua natureza, o potencial de inspirar-se em valores que possibilitam uma melhor convivência social, bem como um crescimento emocional cujo objetivo é facilitar, elevar e transformar as relações humanas e melhorar a vida neste planeta.

A ciência e a arte estão constantemente trazendo pensamentos, histórias, descobertas e idéias que tratam dos valores humanos, e Claudia Boacnin, neste livro, consegue nos surpreender com sua profunda sensibilidade e sabedoria, aproximando-nos criativa e ludicamente de valores que são extremamente importantes e necessários para uma vida mais saudável e harmoniosa, tanto no plano individual como no coletivo.

Claudia consegue definir e expressar cada valor de uma maneira muito clara, bonita, direta, ampla e de fácil compreensão, fazendo-nos perceber o quanto a autora se dedicou a cada um deles não apenas no nível intelectual, mas também no nível da prática do dia-a-dia. Percebe-se o quanto a autora acredita em cada um dos valores propostos neste livro e os busca praticar.

O grande número de valores encontrados e apresentados por Claudia de maneira tão abrangente e sensível mostra tanto o seu vasto e profundo conhecimento do potencial humano como a sua fé nele.

Mudar hábitos é uma das coisas mais difíceis para as pessoas, mas a consciência da necessidade de mudança de padrões já é um passo fundamental para que as mudanças aconteçam. Este livro pode estimular e, passo a passo, valor por valor, ajudar as pessoas a se tornarem mais conscientes das suas ações e mais cuidadosas quanto a praticá-las, tanto em relação a si mesmas quanto em relação aos outros.

Se a cada dia nos propusermos a "prestar atenção" em apenas um destes valores, com certeza a nossa vida pessoal e coletiva vai se tornar bem melhor. CONSCIÊNCIA, ATENÇÃO E AÇÃO. Estes são os movimentos necessários para as mudanças, tanto interiores quanto exteriores.

O Livro dos Valores e das Virtudes é um ótimo guia para jovens e adultos, famílias, educadores e pessoas em geral que buscam se tornar seres humanos mais conscientes e melhores e que queiram contribuir para uma vida em sociedade mais ética e humana.

Que todos vocês possam aproveitar o privilégio de ter em suas mãos este maravilhoso livro e que nele mergulhem com curiosidade e entrega, para que a linda semente que nele nos é generosamente oferecida possa realmente brotar e se desenvolver.

Um abraço carinhoso,

Mônica Guttmann

N
L
S
O

INTRODUÇÃO

Cultivar e praticar conscientemente os valores humanos, questionar e refletir sobre eles, mudar, aprimorar e aprender novos valores é pura evolução, é algo revolucionário no melhor sentido da palavra, que vai transformar tanto você mesmo quanto o mundo, porque o estado atual da Terra é reflexo do que cada um individualmente é, preza e espera. A soma é o que se realiza como condição planetária.

A ciência e a tecnologia vêm avançando como nunca; porém, sem princípios e valores, pouco têm serventia, pois não sabemos como melhor aplicá-las à vida de todos.

Os valores humanos são importantes e necessários porque são como uma espécie de bússola, eles são a estrada e a direção que nos conduzem caminho afora. Vivenciando e seguindo valores mais elevados, mais leves e límpidos, transformaremos o nosso lar particular e coletivo num lugar mais bonito e gostoso de crescer.

Mas o que são os Valores Humanos? Não é possível classificá-los em uma única categoria e não sei como explicar exatamente o que são os valores; mas ao longo desses anos de estudo e trabalho percebi que alguns estão muito próximos dos sentimentos e das emoções, outros das volições, outros são atitudes e gestos, alguns são ações e alguns fazem parte da essência humana. Há também valores que são estados de espírito, complexos que englobam os corpos emocional, mental e espiritual atuando em conjunto e uníssono. E ainda existem aqueles que parecem vir diretamente de uma ligação com algo superior a nós mesmos; mas o fato é que a maioria de nós pode sentir, perceber ou compreender um valor quando pensa nele.

Concentre-se na gratidão: você consegue percebê-la dentro de si? E o altruísmo, é familiar para você? Analise a esperança; você já a sentiu? E o perdão? Já experimentou aquele alívio no peito de quando perdoa a si próprio ou a outra pessoa? E a fé? Já viveu momentos em que sentiu que algo maior o estava sustentando? Percebe a amizade e o amor? E a tranqüilidade? O silêncio interior? A alegria? Você vê uma luzinha de reconhecimento se acender quando ouve falar deles? Pois então. É porque todos os valores estão dentro de nós; porém, embora eles estejam dentro de mim e de você, nem todos são igualmente fortes, nem todos são respostas automáticas, tem alguns mais treinados e outros menos e é isso o que fazemos diariamente, treinar os nossos valores e o nosso caráter a partir das situações que escolhemos passar e viver. E no fim a vida não é isso mesmo? Não é isso que é sensacional? Nós nos aperfeiçoarmos, nos superarmos, nos conquistarmos? Criarmos condição para vermos o mundo como o melhor espelho de nós mesmos?

Chegou a hora de nos apropriarmos e praticarmos os valores de que gostamos e que escolhemos para obter a graduação, o mestrado e o doutorado nesta existência. Assim como um ginasta, corredor, encanador, músico, pintor, arquiteto, atleta, dona de casa, cozinheira, empresário, ou qualquer outro especialista, nas mais diversas áreas, se exercita todos os dias para executar com eficiência as tarefas específicas que pertencem à sua profissão, é necessário que nós também cultivemos os nossos valores diariamente.

A ciência atual já mostrou que os padrões emocionais são químicos e construídos, e que eles podem se tornar indispensáveis ao funcionamento do nosso organismo. O mesmo pode ser demonstrado para os valores humanos; quanto mais os vivemos, mais eles se tornam presentes na nossa essência, mais fortalecemos rotas neurais para a sua repetição e mais probabilidades teremos de repeti-los.

Então, amanhã pratique a solidariedade e a cooperação, depois a bondade; na semana seguinte a compreensão; e então a disciplina, e tente aprender a tolerância, e não se esqueça da limpeza, da ordem, da paciência, do pensar, sentir, falar e agir coerentes e cuidadosos. Treine a sua intuição e a sua modéstia. Promova o equilíbrio. Veja tudo o que o cerca com os olhos da inocência. Expanda quem você é aprendendo novos comportamentos, e questione tudo para que o seu cérebro esteja sempre afiado e que suas escolhas sejam resultado daquilo em que você acredita e que não caiam simplesmente de fora, na sua cabeça. Molde qualquer valor com o poder de sua vontade, de sua intenção e de seu foco, pois tudo aquilo em que colocamos atenção floresce.

Numa sociedade ainda altamente competitiva, acostume-se a pelo menos dizer: "Ele ganhou em primeiro, em segundo, em quarto, em sétimo ou em último lugar", para que com isso se entenda que não existem perdedores, só ganhadores e que mais importante que vencer o outro é superar a si próprio.

SUGESTÕES PARA USAR ESTE LIVRO

Este livro pretende ajudá-lo de um jeito simples, leve e prazeroso a refletir e treinar alguns valores humanos. Há diversas maneiras de fazer isso e aqui estão algumas sugestões.

ABRA O LIVRO EM UMA PÁGINA E PRATIQUE O VALOR

O modo mais intuitivo de se usar este livro é abri-lo numa página qualquer diariamente pela manhã, olhar o desenho e perceber as sensações que ele evoca, ler e pensar sobre o que está escrito, sentir os lampejos intuitivos ou revelações que o texto traz e seguir, durante todo o dia, as diretrizes desse valor contidas na mensagem.

SINTONIZE-SE PARA ESCOLHER UM VALOR

Outra maneira pode ser conectar-se ao seu momento de vida e pedir auxílio ao seu Eu Superior para que o ilumine na escolha da página que tem relação com o que você está precisando saber naquele momento. Em seguida, abra numa determinada página do livro e procure meditar sobre o valor com que deparar. Quando você se interioriza e segue esse processo de consulta, é bem provável que a sincronicidade esteja se manifestando e que esse valor seja exatamente aquele que você necessita exercitar na fase da vida em que você se encontra; por isso, é interessante trabalhar as indicações presentes nele durante uma semana, um mês ou o período de tempo que fizer sentido para você.

BRINQUE COM OS VALORES

Você pode também anotar todos os valores em pedacinhos de papéis separados e fazer tiragens do tipo passado, presente e futuro. Desse modo, o primeiro papel que você tirar significa que se trata de um valor que você trabalhou recentemente. O segundo é um valor que vale a pena você desenvolver no momento e o terceiro é um valor que estará se apresentando a você em breve. Naturalmente, isso pode ser feito igualmente abrindo-se o livro por três vezes seguidas.

Pode ser gostoso também brincar de adivinhar a que valores correspondem as ilustrações. Para isso, você pode abrir num desenho enquanto esconde com a mão o nome do valor que ele ilustra e, apenas olhando a imagem, tentar descobrir o valor que escolheu.

CULTIVE OS VALORES COM AS CRIANÇAS

Se você tem filhos, sobrinhos ou trabalha com crianças, pode aproveitar este livro como um guia para auxiliá-lo a explorar com eles atividades relacionadas aos valores humanos. Mostre as ilustrações, converse com eles sobre o que acham que as figuras significam, peça que desenhem ou falem sobre outros exemplos que correspondam aos valores vistos.

JOGUE "COMBINANDO"

Você pode ainda propor um jogo de agrupamento de valores, que eu chamei de "Combinando". Copie o nome dos valores deste livro em pedacinhos de papel. Se quiser, você pode acrescentar também outros valores dos quais se lembrar. Espalhe-os sobre uma mesa. Em seguida, pegue um papelzinho, leia o valor ali escrito e depois fale para a criança procurar outro valor "parecido". Doação, por exemplo, ela pode associar com solidariedade, ou com desapego ou com generosidade, ou com os três. Pontualidade, ela pode fazer par com organização. Amor, ela pode escolher combinar com carinho e aconchego. Clareza, ela pode agrupar com conhecimento e aprendizado, e assim por diante. Isso a ajudará a treinar novas associações e acostumar-se com os valores.

LEIA O LIVRO TODO DE UMA VEZ SÓ

No caso de você estar estudando os valores humanos de modo geral, eu recomendo que você leia o livro do começo ao fim. Isso lhe dará mais elementos para a sua pesquisa e aprendizado. Além do que, após a leitura você poderá eleger valores específicos para se aprofundar ou desenvolver em você.

FAÇA LISTAS E ESCALAS DE VALORES

É interessante também fazer escalas de valores. Você pode fazer uma escala dos valores de que mais gosta. Ou, então, uma lista dos valores que você já incorporou. Ou, ainda, uma lista dos valores que deseja desenvolver. Uma variante disso seria fazer uma auto-avaliação, dando notas de 1 a 10, de acordo com o avanço que você considera ter alcançado no treinamento e aperfeiçoamento de cada valor (na página 227 tem um pedacinho da minha auto-avaliação para você usar como exemplo), ou simplesmente sentir no coração o seu desenvolvimento em relação a cada valor.

CLASSIFIQUE OS VALORES POR CATEGORIAS

Uma outra idéia é classificar os Valores separando-os por categorias. Ao fazer isso, você irá pensar em cada valor individualmente, contribuindo para que se familiarize mais com eles e os integre com mais facilidade ao seu ser. Eu dividi os Valores aqui descritos em valores propriamente ditos, virtudes, ações e dons (a tabela que fiz se encontra na página 226). Os valores receberam essa denominação por me parecerem mais abrangentes e universais; as virtudes são uma mistura de qualidades e atitudes pessoais; as ações, como o próprio nome já diz, além de serem Valores, são atos que qualquer pessoa pode praticar; e o que chamei de dons são características inerentes que, para mim, fazem parte da essência humana. É como dizer: O ser humano é amor, é atenção, é comunicação, é concentração, etc. Crie a sua própria tabela, reavaliando, categorizando e reorganizando os Valores de acordo com o seu gosto e segundo o seu entendimento.

UTILIZE O LIVRO COMO ORÁCULO

Você pode usar este livro também como inspiração e recurso para a resolução de questões. Nesse caso, os valores podem servir como um sistema simbólico de esclarecimento adicional sempre que você precisar tomar uma decisão, desvendar algo ou examinar uma situação.

FAÇA AS ATIVIDADES QUE CONSTAM NO APÊNDICE

No final do livro eu incluí um apêndice com algumas idéias de atividades para você compartilhar com outras pessoas. A maioria delas você já conhece, elas são simples, mas podem ser úteis e divertidas. Arranje um tempinho e experimente fazê-las. Aproveite!

CONSULTE A LISTA DE VALORES

Valor Humano é o conceito que designa tudo aquilo que tem valor para nós. E nós, como espécie, damos importância e valor a muitas coisas. Afinal, valorar é uma característica humana. Por isso fiz um levantamento para dar uma noção de quantos podem ser os Valores que prezamos. Nesta lista que apresento na página 228 reuni 325 Valores além dos 100 que formam o corpo deste livro, e tenho certeza que ainda deixei uma infinidade deles sem mencionar. Leia a lista. Retire os itens que não são valores para você. Complete com outros que fazem mais sentido no seu modo de ver. Consulte-a também quando precisar.

Enfim, solte a sua imaginação e sinta-se livre para inventar novas maneiras de cultivar os valores humanos em você.

É meu desejo que este livro contribua para a sua alegria, diversão, crescimento e evolução, acompanhando-o no caminho de tornar-se pleno e realizado em Deus.

OS VALORES

Abertura

Hoje, aceite amorosamente tudo o que acontecer a você. Abra os seus braços e o seu coração, real ou imaginariamente, e acolha. Não tente explicar o porquê, não julgue, não peça explicações. Saiba que todos os dias você pode optar por ser uma nova versão de si mesmo. Apenas abra-se para as experiências que aparecerem. Entenda que a abertura é um estado de espírito que nasce da predisposição interna de receber o novo, independentemente de saber aonde esse acontecimento levará. Abertura é transformação e renovação.

Força

Hoje, conscientize-se dessa característica que é parte de quem você é. O ser humano é força. Poder para criar, força para concretizar. Sinta a força que anima o seu corpo e os seus movimentos. Abandone a preguiça. Treine a parte física desse atributo executando ações que necessitem de força. Limpe a sua casa ou o seu escritório. Faça ginástica. Pratique um esporte. Fortaleça o aspecto emocional deste valor mantendo a cabeça erguida e a firme vontade de prosseguir. Aprimore a porção mental desse dom esforçando-se para estudar ou compreender algo. E enriqueça o lado espiritual da força conectando-se às dimensões superiores enquanto busca a sua iluminação e realização.

Entusiasmo

Hoje, anime-se. Não espere que as coisas aconteçam para se entusiasmar e, sim, crie as situações que o entusiasmam. Vá trabalhar entusiasmado, sabendo que este dia lhe reserva somente coisas boas. Encontre seus amigos para um bate-papo ou um jantar. Prepare uma receita especial. Vá ao cinema ver aquele filme que você está doido para ver. Troque a posição dos móveis. Assista a um jogo de futebol no estádio. Brinque com seus filhos ou com seus sobrinhos. Brinque sozinho. Compre lindas flores. Sinta o aroma das flores. Arrume um tempo para passear no parque. Dê a você mesmo um presente. Faça uma surpresa para alguém querido. Entusiasmo é ter Deus (*Theos*) no coração, é alta vibração e é um dos melhores ingredientes dos quais somos feitos. Expresse-o.

Generosidade

Hoje, se dê conta do quanto você tem para entregar aos outros e doe-se. Perceba o prazer que é compartilhar o seu conhecimento, o seu charme, o seu bom humor, o seu tempo, as suas posses ou quem você é. Entenda que há diversas maneiras de ser generoso. Se alguém precisa de afeto, ser generoso é prover essa pessoa de afeto. Se ao outro falta companhia, estar presente é um ato de generosidade. Se uma pessoa não tem quem a ouça ou com quem conversar, ouvir e dialogar são provas da sua generosidade. Ajudar um amigo a conseguir um emprego ou doar parte da sua renda para uma boa causa ou para alguém necessitado, também faz parte dessa virtude. Pergunte-se se você tem sido generoso e também se tem permitido que os outros sejam generosos com você. Lembre-se de dar pelo simples ato de dar e pelo encanto que é poder fazer alguém mais feliz e não somente pela espera de algum retorno.

Cura

Hoje, conscientize-se de que a cura faz parte da essência humana. Perceba que a cura está constantemente em andamento para restabelecer a perfeição onde quer que ela seja necessária. Emita com a sua voz a intenção de criar prosperidade e de curar o que precisar ser remediado. Invoque a presença do amor, que em conjunto com o perdão e a gratidão são os instrumentos mais eficientes de cura que existem. Providencie para que as suas ações se transformem num canal para a cura do mundo. Tenha o propósito de devolver a saúde integral ao seu corpo. Deixe que as suas mãos, o seu toque ou as suas palavras sejam estímulos para despertar o processo de cura nos outros. Ore a Deus pedindo auxílio para a cura de seus entes queridos, de seus relacionamentos e do seu planeta. Permita que esse processo de reequilíbrio, que é a cura, se manifeste pelo seu poder e intenção.

Harmonia

Hoje, harmonize os opostos. Saiba que a harmonia surge do encontro da justa proporção entre os contrários e complementares. E que, como numa música, ela não é estática, é dinâmica para cada nova nota ou situação. Como Íris, a Deusa mitológica do Arco-íris, que continuamente joga água de uma taça para a outra, procure o que é o equilíbrio para você. Encontre esse ponto onde as coisas fluem harmoniosamente e sem impedimentos. Entenda que o universo dual, de luz e sombra, e de feminino e masculino, em que vivemos pede por esse valor. Elabore suas atitudes com base numa integração entre o físico e o espiritual, a razão e o sentimento. Deleite-se com a harmonia dessa bela sinfonia que é a sua vida.

Atenção

Hoje, tente aumentar o seu limiar de atenção. Não deixe escapar nada de sua percepção consciente. Onde quer que esteja, procure sentir tudo à sua volta: as luzes, os odores, as cores, as pessoas, os sons, as vibrações astrais. Como você se sente nesse lugar? Quando estiver conversando com alguém, dê a essa pessoa a sua total atenção. Preste atenção no momento presente e a cada ação que estiver desempenhando. Coloque atenção nas suas metas e nos seus desejos para o futuro. Sirva-se da atenção como um instrumento de expansão da sua consciência. Use a atenção para que tudo que ela focalizar, incluindo você, os outros, os fatos presentes e os por vir, cresçam e floresçam.

Bom Humor

Hoje, dê risada. Libere-se dos conceitos de como as coisas deveriam ser e divirta-se com o que é. Sorria para o mundo. Não se leve tão a sério. Vá brincar com seus amigos, seus pais, seus filhos, seu par, seus animais de estimação. Role na grama, ande de maneira engraçada, conte piadas, pule corda, jogue peteca, assobie, fale de assuntos que levantam o astral, fale de esperança. Aceite os revezes e os contratempos com o espírito leve. Respire e tente de novo. O bom humor e o riso, além de desintoxicarem o seu sistema, produzem uma sutil aura de bem-estar. Essa vibração ajuda a desimpedir o seu caminho e a atrair novas situações prazerosas. Espelhe o que a vida tem de melhor e impregne tudo à sua volta com o seu bom humor.

Solidariedade

Hoje, comprometa-se a ceder parte do seu tempo livre para atuar como voluntário em algum projeto de caridade. Procure e faça contato com entidades assistenciais para saber como ajudar e colabore. Compre, ou arrecade entre conhecidos, brinquedos ou alimentos e doe para quem precisa. Visite um asilo ou pessoas solitárias que necessitam de companhia. Se puder, doe algum dinheiro para causas em que você acredita. Procure atenuar a desigualdade no mundo sendo solidário. Participe de mutirões e de ações comunitárias. Abra o seu peito para as oportunidades de se dar e de compartilhar a sua boa fortuna.

Clareza

Hoje, brilhe. Seja claro como um dia de sol. Em suas comunicações, procure e use palavras que transmitam com exatidão o que você pensa e quer. Faça uma auto-análise. Que áreas da sua vida estão na sombra e necessitam de mais claridade? Tente ser o mais transparente possível em seus relacionamentos de amizade, familiares e românticos, não deixe ninguém na dúvida ou no escuro. Não faça suposições; em vez disso, pergunte, explique, esclareça. Acenda a luz da sua consciência e contribua para um mundo mais iluminado e cintilante.

Autenticidade

Hoje, seja você! Perceba a sua autenticidade. Pense e anote as qualidades que o distinguem dos demais. Valorize a sua expressão e a sua maneira única de ser. Não se importe tanto com o que os outros podem achar de você, em vez disso, ouse exprimir o seu potencial. Fale de uma maneira que revele a sua essência. Vista-se de acordo com o seu próprio gosto e o de ninguém mais. Faça projetos que reflitam os seus desejos. Permita-se colorir tudo à sua volta com as nuanças da sua originalidade e autenticidade. Siga imprimindo a sua marca, certo de que como você não há mais ninguém.

Determinação

Hoje, veja como anda a sua vontade de prosseguir resolutamente. A determinação surge facilmente quando sabemos o que queremos e por que. Examine suas metas e seus objetivos. Quais as áreas da sua vida que precisam de mais determinação? Quando perceber, reúna a sua firmeza e empenho e insista em concluí-las. Comece algo que o desafia e não descanse enquanto não o completar. Não protele e não deixe as coisas para depois. Acredite que você está sendo ouvido e seja consistente em suas afirmações. Saiba que o que você faz é importante e seja determinado em suas ações. Desenvolva essa parte sua que sabe que você pode e vai fazer tudo o que se propuser.

Tradição

Hoje, interesse-se pelas tradições. Pesquise a árvore genealógica e as raízes de sua família. Pergunte, se for possível, a seus pais e avós, o que eles pretendiam construir e o que efetivamente construíram. Observe onde você se encaixa nesse processo, ou seja, como você está dando continuidade ao que eles começaram. Conte a um amigo ou aos seus filhos uma história sobre alguma tradição de sua família. Vá a alguma festa tradicional. Ensine seus descendentes e as pessoas próximas sobre o seu passado e as suas origens. Lembre-se de respeitar a tradição dos demais.

Cuidado

Hoje, aproveite para alimentar com o seu cuidado, a sua atenção e o seu carinho tudo e todos que tenham algum significado para você. Dê sua energia para que as coisas possam crescer, se expandir e dar frutos. Demonstre interesse pelas pessoas, de modo a fazê-las sentirem-se bem. Importe-se com os seus pais. Mime os seus filhos. Envolva-se com a sua comunidade. Trate bem do meio ambiente. Regue as suas plantas. Cuide para que o seu corpo esteja saudável e disposto, para que a sua casa esteja limpa e arrumada, para que a sua bicicleta ou o seu carro esteja em bom estado, para que os seus papéis e documentos estejam em ordem e para que os seus projetos se desenvolvam. Tome conta da vida.

Desapego

Hoje, solte, para que o espaço de receber se renove. Desapegue-se do passado. Desprenda-se de seus pensamentos viciados, das ações repetitivas, da rotina e daquilo que você quer que aconteça. Despoje-se de seus temores. Afrouxe a sensação de que para viver é preciso ter. Confie que você terá sempre o suficiente. Concentre-se em ser. Faça uma limpeza nos seus armários. Dê as suas roupas e os utensílios domésticos sem uso. Doe enfeitinhos de mil anos atrás. Desacumule, para ficar mais leve. Ame as pessoas, mas desapegue-se delas para tornar-se livre e torná-las livres. Desate a expectativa e a cobrança que surgem do apego às pessoas, às coisas e aos resultados.

Humildade

Hoje, seja humilde. Não se supervalorize. Mantenha uma saudável auto-estima sem se vangloriar demais de quem você é ou de seus feitos. Lembre-se de que a modéstia surge de um suave contentamento e não de uma efusiva festa sobre quem você é. Reflita sobre como a vaidade na medida certa pode ser um poderoso propulsor para o aprimoramento próprio, mas que numa proporção muito grande pode nos levar a acreditar e aceitar que somos melhores do que os outros, conclusão oposta à que um praticante da humildade chegaria. Reconheça a sua pequenez e a sua magnificência. Pequenez de quem sabe que tem muito a aprender e magnificência de quem sabe que é filho de Deus.

Intenção

Hoje, use esse poder que molda a sua realidade. Ao longo de todo este dia, tenha a intenção de desempenhar conscientemente cada tarefa que se apresentar a você, por mínima que seja. Tenha a intenção de se sentar, de se levantar, de ficar, de ir, de comer, de jejuar, de beber, de dormir, de trabalhar, de se divertir, de sonhar e de realizar seus projetos. Coloque toda a sua energia física, mental, emocional e espiritual, cada qual a seu tempo, numa mesma direção. Treine também este valor enquanto medita ou está concentrado em determinada atividade física. Intenção é energia focalizada que, quando posta em prática, economiza o seu tempo e os seus recursos, atrai o que ainda está informe e produz os melhores resultados.

Aventura

Hoje, entregue-se à novidade. Liberte-se do medo do que está por acontecer. Exponha-se ao risco, ainda que calculado, e à possibilidade de surpresas, com o peito aberto. Aventurar-se tem mais a ver com o estado de espírito com que as coisas são feitas e menos com o que é feito; por isso, não se preocupe com a forma que a sua aventura irá tomar. Essa experiência pode ser saboreada tanto participando de esportes de aventura como aprendendo sobre um novo tema. Faça algo que sempre quis fazer, mas que ainda não ousou. Planeje um fim de semana diferente ou uma viagem e dê os primeiros passos para realizar esse objetivo. Explore novas ruas, novas pessoas, novos modos de se vestir, de sentir, de pensar, de falar e de agir. Embarque na aventura que é viver.

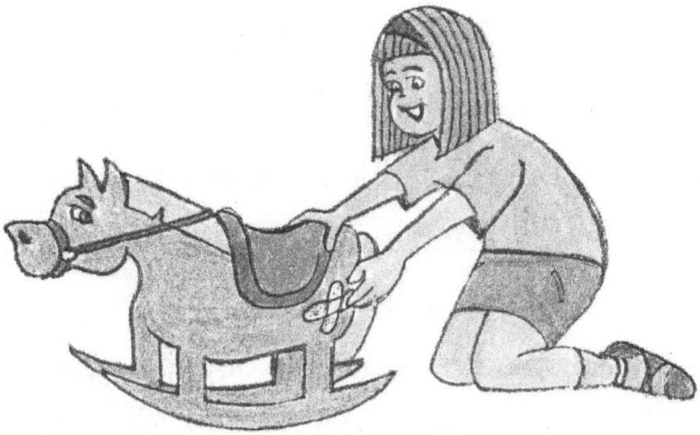

Conservação

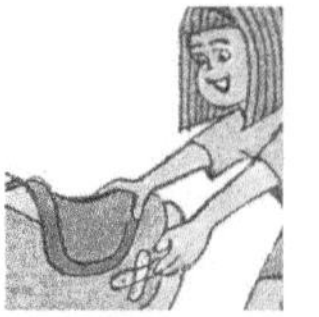

Hoje, pense na conservação e trabalhe no sentido de favorecê-la. O que necessita de providências suas para que volte a funcionar satisfatoriamente? Sua casa precisa de reparos? Algum conserto seria bem-vindo no seu local de trabalho ou escritório? Seus relacionamentos requerem manutenção? Há algum tipo de conservação que você poderia fazer no transporte ou lugar público que utiliza? Como está o seu corpo? Tem cuidado dele? Você tem um jardim? Ou plantas? Você os tem regado para que se conservem belos? Trate bem de você. Cuide dos seus pertences. Esforce-se em manter os seus pensamentos imaculados. Aprenda sobre conservação e preservação ambiental. Conservação é economia de matéria-prima e recursos. Exercite-a.

Amor

Hoje, seja amor. Para cada novo passo ou situação pergunte-se como o amor agiria nesse caso. Deixe-se guiar pelo seu coração. Diga às pessoas o quanto as ama. Expresse o seu amor. Beije, abrace, ouça, elogie e faça carinho. Aproveite a chance de demonstrar amor e afeição a cada pessoa e situação que você encontrar, inventando novos modos de externar esses sentimentos. Permita que os outros o amem. O amor permeia e anima tudo o que existe; portanto, fique atento para identificar o amor em todas as suas formas e perceba que todos estamos nos tornando cada vez mais infusos de amor. Faça uma visualização imaginando o seu coração cor-de-rosa vibrando e expandindo-se forte e alegremente enquanto envia raios de amor para todas as direções, para dentro e para fora de você. Saiba que o Amor é a substância de que tudo é feito.

Validação

Hoje, dê valor às suas conquistas. Elabore uma lista de suas grandes e pequenas vitórias. Abandone a frase: "A grama do vizinho é sempre mais verde". Comemore a realização de uma meta, sentindo-se capaz e feliz e fortalecendo sua autoestima. Lembre-se de validar também os progressos alheios. Entenda que a validação não deve ser um exercício de engrandecimento do ego, nem uma competição com o próximo. Enxergue-a como um processo que assegura o crescimento da consciência, encarando-a sem orgulho ou vaidade, mas com moderação. Use a validação para se conhecer, para perceber quais são as suas capacidades e habilidades e ver em que setores você ainda precisa se aprimorar. Valorize a sua singularidade.

Simplicidade

Hoje, simplifique. Inicie um projeto de criar uma vida mais simples para você. Pergunte a si mesmo se precisa de tudo o que tem acumulado. Passe adiante tudo o que não condiz mais com quem você se tornou. Curta os prazeres simples: andar de mãos dadas, tomar um sorvete ao final do expediente, passear pelo bairro, assistir ao pôr-do-sol, ou brincar com crianças. Use menos a frase "eu deveria" e mais "eu quero" ou "eu gostaria de". Fale mais sobre os seus sentimentos e das coisas que tocam o seu coração. Observe a singeleza de pessoas que você chama de simples e aprenda com elas. Entenda que a complicação despende muita energia e que a simplicidade devolve a você a alegria de existir.

Curiosidade

Hoje, lembre-se de como você era quando criança. Traga de volta aquela vontade de saber os porquês. Explore cada minúcia do seu ambiente. Procure um caminho novo, uma nova maneira de fazer algo só pela curiosidade de ver no que dá. Volte àquelas questões das quais você desistiu, pelas quais nunca se interessou ou se tornou ocupado demais para querer saber: Por que o céu é azul? Por que a Lua fica vermelha de vez em quando? O que é o amor? Qual é o nosso propósito na Terra? Qual é a minha missão nesta vida? Como são feitos os tecidos? Para onde vai a água que usamos? Como funcionam os motores? Como são organizados os formigueiros? Em que época as rosas desabrocham? Como é o ciclo de existência das estrelas? Exercite essa característica intrinsecamente humana que nos impele a querer saber sempre mais, empurrando-nos rumo à evolução.

Disciplina

Hoje, assuma o compromisso de levar em frente as suas aspirações. Perceba que para conquistar qualquer coisa é preciso manter firme a disciplina. Entenda que o empenho continuado e constante é a chave que destranca as portas do seu sucesso. A repetição intencional e concentrada leva à excelência. Faça da disciplina um hábito. Pergunte-se qual é a área da sua vida que precisa de mais disciplina de sua parte para que possa se desenvolver. Todos os dias, invista um tempo para os projetos que quer concluir, seja o aprendizado de um novo instrumento, técnica ou dança, o estudo de determinado assunto ou a realização do seu trabalho cotidiano ou específico. Não esmoreça.

Arte

Hoje, expresse-se de todas as formas possíveis. Deixe a sua criatividade aflorar. Faça do seu dia uma obra de arte. Visite uma exposição de arte e maravilhe-se com as criações dos grandes pintores e escultores. Vá a um concerto e encante-se com a riqueza das composições. Conecte-se a essa faixa vibratória que tem o propósito de criar o Belo no mundo e, ligado a essa corrente, pinte um quadro ou faça um desenho num papel, componha uma poesia ou escreva um conto. Exponha o seu interior e cante, dance, toque um instrumento, faça artesanato. Liberte o artista que existe em você.

Economia

Hoje, concentre-se na economia. Reflita sobre os seus hábitos e veja em que áreas você pode economizar recursos próprios ou planetários. Existe algo que você vem desperdiçando? Apague as luzes que não estiver usando. Ensaboe primeiro e só depois use a água para lavar a louça. Faça um prato original usando as sobras da refeição anterior. Tome banhos curtos. Compre madeira certificada. Separe em envelopes o dinheiro de que precisa para pagar as contas e poupe o que sobrar. Use novamente as embalagens de presentes. Faça um bonito embrulho com jornais. Aproveite o verso dos papéis usados do seu escritório para rascunho ou impressão. Vá a pé. Recicle o lixo. Elimine gastos supérfluos. Economize suas palavras só falando sobre temas que alegrem e enalteçam as pessoas. Poupe a sua energia ocupando-se dos assuntos sérios apenas quando eles aparecerem e não antes. Economize o seu tempo planejando com antecedência o seu dia. Torne o hábito de consumo uma atividade estudada e refletida e valha-se da economia para fortalecer sua capacidade de autocontrole e discriminação.

Compaixão

Hoje, coloque-se no lugar do próximo. Não se apresse em julgar ou condenar; em vez disso, pratique a compaixão. Tente sentir as razões dos outros como se fossem suas. Dê importância aos sentimentos e necessidades do próximo. Veja e ouça as histórias que chegam a você com o coração aberto. Perceba os enredos silenciosos que se desenrolam a sua volta a todo momento e faça paralelos com a sua vida, desenvolvendo a compaixão por você e por aqueles que participam deste ato teatral que é viver. Procure exercitar a capacidade de envolver-se genuinamente com outras pessoas, treinando sua empatia e indo além do seu próprio umbigo. Expanda os limites e os horizontes do seu mundo.

Consciência

Hoje, conscientize-se. Coloque total atenção em tudo o que você é e faz. Aquiete-se e observe o seu corpo, começando pelos átomos e moléculas que compõem as suas células, tentando sentir cada parte física dele. Depois, tome consciência dos seus sentimentos, emoções, estados de espírito, vontades e ações durante este dia. Traga luz para os seus relacionamentos. Como eles estão? O que pode ser melhorado? Atente para os caminhos que sempre percorre e para os novos também. Perceba os prédios, as ruas, as árvores, os ruídos, as cores. Faça uma visualização contemplando o seu ambiente próximo e distante, sua cidade e outras cidades, outros países, o mundo, outros planetas, galáxias e, finalmente, o cosmos. Amplie a sua consciência, tanto para dentro como para fora dos seus limites.

Bondade

Hoje, exercite a sua essência e faça o bem. Identifique o que é bondade em você, procurando saber de que modo ela poderia se manifestar nas suas atitudes. Seja bom consigo mesmo, não se julgando nem se recriminando. Extraia o melhor de você em todos os contatos que estabelecer. Encontre meios de sempre ajudar os outros. A bondade sintetiza inúmeras qualidades, como ser correto, puro, íntegro, agradável, digno e altruísta. É por isso que usamos tanto as palavras bem e bom. Lembre-se do lema dos escoteiros e procure fazer pelo menos uma boa ação por dia. A cada nova circunstância, pergunte-se o que a bondade faria e aja seguindo esse seu mais elevado impulso.

Esperança

Hoje, lembre-se de acreditar. Livre-se do desespero. Jogue fora a sensação de que as coisas não vão mudar. Afirme que cada novo segundo traz uma surpresa e que tudo está para acontecer. Use a esperança como sua aliada no período que antecede o desabrochar do novo. Nutra a esperança enquanto se prepara e espera pelo tempo certo para a colheita. Recorde-se de que nós somos feitos de esperança porque desejamos e somos co-criadores, juntos com Deus, do nosso destino. Saiba que desejo, esperança e realização são um trinômio inseparável da raça humana.

Gratidão

Hoje, agradeça. Agradeça à beleza do amanhecer e do anoitecer, ao céu, às estrelas, ao Sol, à Lua, ao ar, à água, às árvores, às frutas, às montanhas, aos rios, aos mares, aos animais, aos seus companheiros humanos e a tudo o que você atraiu para compor a sua vida. Saiba que todos os acontecimentos são milimetricamente orquestrados e sincronizados para que você possa extrair o maior aprendizado de cada um deles. Coloque-se em estado de gratidão, como se todo o seu ser soubesse que tudo que você precisa ter concedido, já está à sua disposição. Essa certeza, expressada em gratidão, faz com que o universo se organize para materializar o que você quer e precisa. A gratidão obedece à Lei Universal da Ressonância. Quanto mais você se sente grato, mais atrai circunstâncias, pessoas e coisas que lhe fazem bem. Isso faz com que você se sinta ainda mais grato, e assim num crescente infinito.

Cordialidade

Hoje, não se envergonhe de parecer antigo. Diga "Por favor" e "Muito agradecido". Compartilhe sorrisos. Distribua bons-dias, boas-tardes e boas-noites. Lembre-se de perguntar "Como vai você?" e de ouvir a resposta com atenção e deferência. Faça gentilezas e elogios sinceros. Ceda o seu lugar no ônibus. No trânsito, dê passagem e priorize os pedestres. Espere os vizinhos para subirem ou descerem no elevador com você. Empreste ou divida o seu guarda-chuva quando estiver chovendo. Disponha-se a conviver de maneira amável e pacífica em sociedade. Vista esta segunda pele de cordialidade e seja cortês em casa, no seu prédio, na escola e no seu trabalho.

Bênção

Hoje, aproxime-se do sagrado. Abençoe mentalmente a vida que continuamente você escolhe, cria e perpetua. Tenha a intenção de proteger, curar e promover a prosperidade, como se colocasse um manto invisível de luz, cobrindo e abençoando todos os seres que encontrar. Deseje, mesmo que silenciosamente, o melhor para cada pessoa e situação com que deparar, diretamente do seu centro de amor no coração. Aceite as bênçãos que os outros possam vir a lhe oferecer. Sinta-se preencher pela bênção que é a vida.

Dignidade

Hoje, encha o peito e valorize-se por ser quem você é. Nem melhor, nem pior que ninguém. Apenas você. Alguém com uma função específica para o desenvolvimento do todo. Saiba que os outros respondem em função daquilo que você acredita que é e projeta para o exterior. Fortaleça a sua dignidade tendo pensamentos positivos sobre você. Siga o seu senso interno de conduta. Veja se tem honrado a sua dignidade praticando somente ações que condizem com a sua melhor auto-imagem. Respeite a dignidade alheia, aceitando todos como iguais, deixando-os em liberdade e prezando o valor de cada um.

10

Celebração

Hoje, brinde! Comemore as suas conquistas! Tome ciência do quanto já avançou! Enfeite a sua casa com velas ou luzes coloridas! Coloque as suas músicas preferidas para tocar! Saboreie os mais deliciosos quitutes e manjares! Elabore a atmosfera adequada para congratular-se por ser quem você é! Compartilhe os seus progressos com os mais próximos! Crie marcos para fortalecer a sua memória e a sua auto-estima! Dê uma festa! Elogie e celebre as vitórias daqueles que você ama e também as da humanidade! Festeje a sua vida e mais este dia!

Gentileza

Hoje, esteja disposto a agradar e ser gentil com o mundo. Escolha ser doce e suave nos seus contatos. Tempere as suas conversas com elogios sinceros. Aqueça os seus encontros demonstrando genuíno interesse pelos outros e fazendo afirmações que proporcionem bem-estar. Não tenha vergonha de ser carinhoso, de praticar pequenos atos que facilitem a vida dos outros. Lembre-se de que você precisa de gentilezas para se sentir bem. Comece você a doá-las para que a vida de todos se torne mais agradável.

Arrojo

Hoje, desligue-se dos pensamentos e sentimentos antigos e viciados, aqueles que pensa e sente todos os dias. A cada pensamento ou sentimento desagradável detectado, reconheça-o, despeça-o e o substitua por um novo. Capte no "astral" as novas tendências. Interesse-se por um tema de ponta, algo que você acha moderno, diferente. Arrisque-se a pôr em prática uma idéia que você acha avançada demais para o seu tempo. Converse com seus amigos sobre seus projetos de vanguarda. Procure saber sobre as idéias arrojadas deles. Conceda espaço para o que ainda está por vir.

Honestidade

Hoje, seja verdadeiro. Assuma as conseqüências de suas ações sem mentiras ou desculpas. Reflita sobre quais são as suas incongruências. Procure trabalhá-las para que a sua presença no mundo seja cada vez mais autêntica e honesta. Investigue se há pontos em que você não tem sido sincero com os outros. Veja se isso não ocorre porque você ainda não encontrou a verdade para você. Esforce-se por conhecer-se integralmente, sem expectativas irrealistas ou julgamentos. Lembre-se de expressar as suas opiniões de modo franco, mas com tato e diplomacia. Em casos cotidianos que envolvam honestidade, do tipo encontrar uma carteira perdida, ou receber troco errado para mais, pratique a sua honestidade fazendo o que é correto. Saiba que este valor apresenta tentações e desafios e que vencê-los é uma tarefa diária que exige determinação e comprometimento de ser o melhor que você queira ser e de entregar ao mundo o seu melhor.

Liberdade

Hoje, irradie autonomia. Celebre a sua independência. Agradeça pela liberdade que tem de fazer suas escolhas e use-a com sabedoria e responsabilidade, acolhendo as conseqüências das suas atitudes. Dê liberdade de pensamento e de ação às pessoas com as quais se relaciona. Deixe que elas sejam quem são. Pergunte-se que nível de liberdade você mais preza. É a liberdade física de ser quem você é, sem se importar com a opinião alheia e de ir e vir segundo a sua vontade? É a liberdade emocional de não ter de dar satisfações sobre os seus sentimentos? É a liberdade de pensamento sem amarras ou vínculos e plena de criatividade? É a liberdade de expressão que lhe faculta se expor sem constrangimentos? É a liberdade de espírito, consciente de que você **é**? É importante que você responda a essas questões, pois suas respostas lhe permitirão perceber o seu grau de liberdade, bem como as áreas em que precisa trabalhar mais para se libertar. Reflita sobre a seguinte sentença: O seu livre-arbítrio diminui e a sua liberdade aumenta à medida que você evolui e segue o caminho do serviço a Deus.

Otimismo

Hoje, veja a vida com bons olhos. Policie o seu funcionamento cerebral e emocional. Só admita pensamentos de prosperidade, otimismo e positividade. Se um pensamento ruim se apoderar de você, troque-o imediatamente por um bom. Se um sentimento de baixa vibração se formar, experimente-o, tire a sua lição e prossiga, optando por sentir algo mais elevado. Force ao desaparecimento qualquer sensação, emoção ou pensamento que não sirva ao engrandecimento e ao construtivismo, deixando de prestar atenção neles. Embora possamos acreditar que não temos controle sobre o nosso estado de espírito, disponha-se ao teste e constate por si mesmo que você pode escolher o que sentir e pensar. Diga palavras de estímulo e motivação a si mesmo e aos outros. Procure extrair o melhor de cada situação. Acredite que as coisas vão dar certo, porque, realmente, no fim tudo sempre dá certo.

Fraternidade

Hoje, mantenha-se focado nas semelhanças e não nas diferenças. Visualize os seres humanos como uma família espiritual, uma espécie, ou conjunto de pessoas que possui basicamente o mesmo código genético em seu DNA e as mesmas necessidades básicas e aspirações. Se pensar desse modo, será muito mais fácil treinar o conceito de igualdade e fraternidade. Procure vivenciar a afirmação que diz que somos todos irmãos, começando por movimentar a energia do seu chakra do coração enquanto mentaliza repetidamente: "Todos somos um." Trabalhe em você a libertação da necessidade de estar sempre certo ou de ser o melhor, atitudes estas que se tornam um sério empecilho no caminho de quem busca ser fraterno.

Abundância

Hoje, agradeça ao Universo por tudo o que você é, por tudo que tem, e pelas pessoas que estão em sua vida. Faça uma lista reconhecendo a abundância que o cerca. Emita pensamentos, palavras e ações de abundância. Confie que aquilo de que você necessita se materializará na quantidade e hora certas. Acredite que há recursos suficientes para todos, desde que aprendamos como humanidade a administrá-los justamente, e que pensamentos de escassez e penúria impedem o acesso a essa fonte inesgotável de abundância universal.

Inspiração

Hoje, religue-se aos circuitos interiores e aos circuitos elevados. Aproprie-se da inspiração que emana de diversas fontes. Inspire-se absorvendo a sabedoria do centro do seu ser. Inspire-se na natureza, na sua perfeição, nos seus matizes, ciclos e ritmos. Inspire-se nos modelos humanos de grande estatura e desenvolvimento. Saiba que há correntes de pensamentos pairando em torno de nós. São faixas de freqüências vibratórias sobre qualquer assunto formadas pelo total dos pensamentos dos seres encarnados ou não. Lembre-se de que é possível acessar essas freqüências (que alguns denominam inconsciente coletivo) pelo poder de sua concentração e vontade a qualquer momento, e que a isso também chamamos inspiração. Entenda que você capta na faixa vibracional semelhante à sua e que se inspira na medida do seu nível de compreensão e evolução. Use a inspiração para criar e para elevar os outros e o mundo.

Aceitação

Hoje, faça as pazes interiormente com o seu momento de vida. Inclua nessa intenção as coisas que não aprecia em você, aquilo de que não gosta na sua vida e as pessoas com quem está descontente, pois elas estão lhe ensinando algo. Repouse nesse núcleo sereno em você que sabe que tudo ocorre para o seu bem maior. Aceite as pessoas com estilos de ser e de viver diferentes do seu. Aceite as suas limitações e as do próximo. Aceite os seus erros e os dos outros. Aceite a vida que você criou para que a partir daí possa fazer novas escolhas. A aceitação é o primeiro passo para a mudança.

Criatividade

Hoje, libere a sua capacidade de criar. Semeie a sua visão do novo por meio das suas idéias e da sua originalidade no seu modo de pensar, de falar e de agir. Deixe aflorar a sua criatividade ao contar uma história, desenvolver um cardápio e preparar uma refeição, compor uma canção, pintar um quadro, escrever uma poesia ou fazer uma escultura ou um arranjo de flores. Empregue a sua atividade criadora para elaborar novas estratégias em seu trabalho, para encontrar soluções inesperadas e para inventar novos modos de se relacionar. Saiba que você é co-criador ao lado de quem chamamos Deus. Use com intenção esse dom que é a essência de todos nós.

Entrega

Hoje, confie e solte-se. Saiba que a entrega é necessária para relaxar. Liberte-se das "pré-ocupações". Brinque mais. Ria mais. Balance-se numa rede. Divirta-se muito. Entenda que todo o seu corpo trabalha seguindo a lei do mínimo esforço. Siga também com a corrente predominante. Perceba onde estão os obstáculos e peça que eles sejam dissolvidos ou, então, tome um novo rumo. Abra os braços e expire profundamente, soltando todo o ar estagnado dos seus pulmões. Deixe ir, sair de sua vida tudo o que não tem mais serventia e todas as pessoas que não correspondem mais à sua vibração atual. Entregue-se e tenha a confiança de que tudo caminha muito bem, de acordo com o esperado e necessário para o seu crescimento.

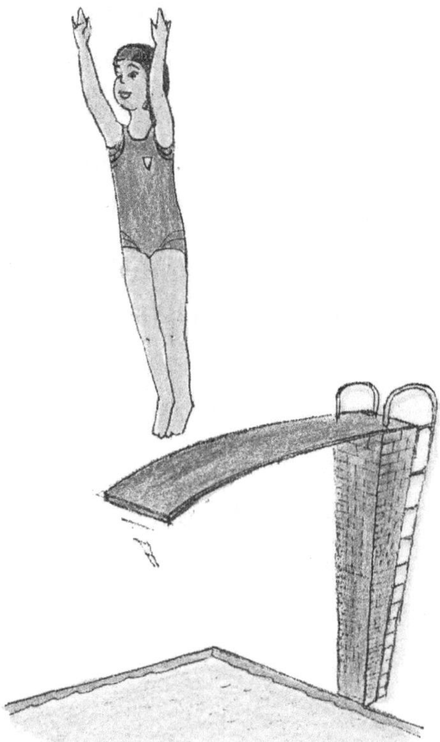

Coragem

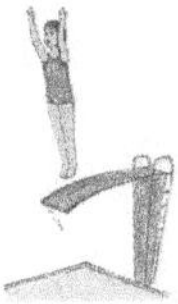

Hoje, veja como está a sua coragem. O que você gostaria de fazer e ainda não fez por falta de coragem? Preste atenção ao seu medo; embutido nele estão as suas respostas e a sua coragem. Comece por dar pequeninos passos para superar aquilo que teme. Observe pessoas que apresentam esse valor, converse e aprenda com elas. Faça uma visualização na qual você se vê e se sente valente, bravo e corajoso, tendo conseguido vencer alguma dificuldade ou limitação com a ajuda desses recursos interiores, começando assim a fortalecer e aperfeiçoar esse valor. Aja com o coração.

Deslumbramento

Hoje, arregale os olhos e os sentidos para todo o milagre que o cerca. Sinta o encantamento que é estar aqui. Deixe essa chama interior que anima o seu ser expandir-se em êxtase. Deslumbre-se com o seu corpo, a estrutura dele, o seu funcionamento, os seus movimentos. Maravilhe-se com as pessoas, com a existência e o esplendor delas. Enxergue a sua cidade com disposição amorosa. Deleite-se com a natureza. Aproprie-se do seu estado intrínseco de graça, envolvendo-se e empolgando-se com o que lhe dá prazer. Vá além da superfície e penetre na essência iluminada e imaculada da vida.

Concentração

Hoje, ajuste e aprofunde a sua capacidade de se concentrar. Em todas as situações com as quais se defrontar, esteja no momento com todo o seu ser. Não se permita distrações. Não faça mais de uma coisa ao mesmo tempo. Direcione o seu intelecto, o seu poder, a sua vontade e a sua alma para o que estiver diretamente à sua frente. Mergulhe no presente e focalize a sua energia em todas as atividades do seu cotidiano, uma de cada vez, cada qual no seu passo. Pratique exercícios de concentração, como perceber o ritmo da sua respiração, atentando para a inspiração e a expiração, ou observando com toda a sua atenção um determinado objeto e discriminando, uma a uma, todas as suas características. Concentrar-se é uma forma de meditar e, portanto, descansa e purifica a sua mente.

Limpeza

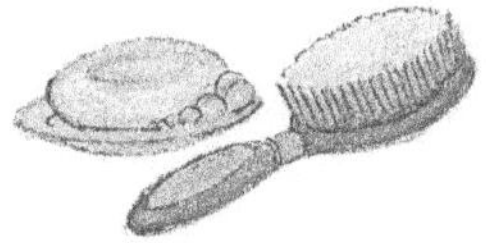

Hoje, faça uma limpeza. Limpe o seu corpo, tomando um banho gostoso e atentando para cada detalhe dele. Desintoxique o seu sistema fazendo um jejum, durante o qual tome somente líquidos. Recicle os seus pensamentos, abandonando aqueles que não lhe fazem bem e escolhendo novos pensamentos limpos e plenos de frescor. Tente higienizar as suas emoções mediante técnicas de relaxamento e meditação. Pratique o falar limpo usando palavras positivas e de encorajamento. Faça uma faxina na sua casa e no seu ambiente de trabalho, livrando-se do abarrotamento de coisas empoeiradas e inúteis e criando condições para que novas energias e bens materiais possam circular e ocupar o novo espaço. Pratique a reciclagem. Divulgue a idéia de não jogar lixo pelas janelas, sejam as de casa ou dos veículos. Combata a poluição sonora evitando buzinar. Auxilie a limpeza da água não despejando óleo usado no ralo da pia. Contribua para a limpeza do ar deixando o carro em casa e andando mais a pé.

Amizade

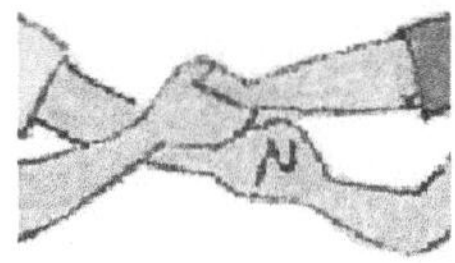

Hoje, fortaleça os seus laços de amizade. Dê um telefonema ou mande um *e-mail* para os seus amigos. Marque um encontro com eles e façam um programa juntos. Pergunte a eles como andam as coisas. Se já faz algum tempo que não os vê, diga que está com saudades. Faça novos amigos. Entenda que a amizade sincera é um presente que a vida nos dá. Amigos estão sempre lado a lado, compartilhando força e incentivo, impulsionando-se mutuamente e gostando-se incondicionalmente. Lembre-se de acalentar e nutrir este valor, pois com isso você estará alimentando todos os outros valores que a amizade reúne como a diversão, a escolha, a aceitação, o amor, a confiança, o companheirismo e a cooperação.

Capricho

Hoje, coloque em ação o seu toque especial. Faça tudo visando à perfeição nos detalhes. Ofereça ao mundo o que há de mais cuidadoso, mais dedicado e mais caprichoso em você. Enfeite as suas criações e realizações. Ao colocar a mesa, dê um charme extra à composição, com flores ou com guardanapos dobrados atenciosamente. Decore um bolo. Tire as folhinhas secas dos seus vasos de plantas. Cuide para que a sua casa fique linda e maravilhosa. No seu trabalho, capriche na organização, na apresentação e no desenvolvimento das atividades e dos projetos. Seja você homem ou mulher, capriche no visual, fazendo as unhas, arrumando os cabelos ou incrementando a sua roupa com acessórios. Esmere-se para tornar tudo o que tocar ainda mais bonito e caprichado.

Perdão

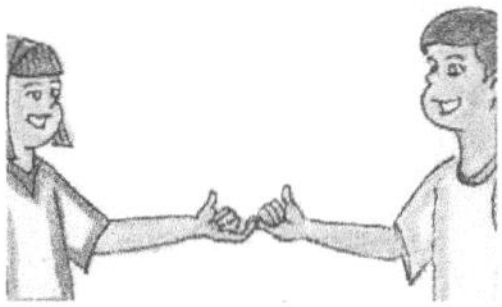

Hoje, desate os laços emaranhados. Entenda que o perdão desfaz o vínculo energético entre nós e a pessoa que perdoamos. Desse modo, pela lei da causa e efeito evitamos viver novamente situações semelhantes àquelas que perdoamos. Reconheça que você é responsável por tudo o que cria na sua vida e que a pessoa e a situação com as quais está desgostoso querem fazer com que você aprenda algo. Extraia sua lição e transcenda por meio do perdão. Faça uma lista das pessoas que deseja perdoar ou que espera que lhe peçam perdão. Saiba que o acúmulo de mágoas afeta o seu corpo físico e emocional e produz *stress* e doenças. Faça as pazes e retire esse peso de você. Pratique o não tomar as coisas pessoalmente, pois isso facilita o perdão. Use técnicas de visualização para ajudá-lo a perdoar. Enxergue você e a pessoa envolvida no caso. Converse mentalmente com ela, diga como se sente, deixe que ela se explique. Depois, tente perdoá-la enquanto banha toda a cena com a luz violeta da transformação e transmutação. Repita isso quantas vezes for necessário, até que sinta que perdoou, que está livre e que concedeu liberdade ao outro.

Comunicação

Hoje, faça com que o seu corpo, a sua voz e a sua escrita sejam pontes para o exterior. Interaja atentamente com quem cruzar o seu caminho, escutando o que cada um tem a dizer e partilhando o que está dentro de você. Comunique-se clara e intencionalmente. Escolha palavras de acordo com o nível de entendimento de quem ouve para aumentar as chances de ser compreendido. Saiba que a sua mensagem sempre será uma resposta para alguém. Use de todos os meios para atravessar as fronteiras que separam duas ou mais pessoas, recebendo e transmitindo conteúdos. Assista a um bom filme ou documentário. Leia o jornal. Fale ao telefone. Escreva e mande uma carta ou envie um *e-mail*. Cante. Conte uma história. Dê uma palestra. Converse. Comece a aprender uma nova língua. Faça essa troca de informações que nos distingue como humanos.

Tolerância

Hoje, reconheça que existem tantas maneiras de ser quanto existem pessoas no mundo. Entenda que nenhuma maneira de ser é melhor que a outra e que todas são expressões únicas da individualidade de cada um. Combata a intolerância contra credos e etnias, mas também contra aqueles que você possa considerar feios, pouco inteligentes ou pobres. Saiba que a tolerância está profundamente ligada ao respeito e à vontade de ver além do nosso umbigo, das nossas preferências e das nossas crenças. Procure saber algo sobre as pessoas que encontrar. Em vez de só cumprimentar, entabule uma conversa. Interesse-se pelas particularidades dos outros seres. O interesse verdadeiro ajudará a abrir as portas do seu coração e a elevar os seus níveis de tolerância.

Alerta

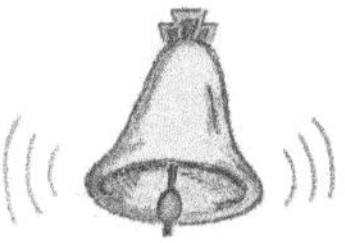

Hoje, preste atenção concentrada ao máximo de fatores que puder. Ao entrar num ambiente, perceba sua sensação, a iluminação, os cheiros, os sons. Concentre-se até mesmo naquilo que pode estar além do seu ambiente imediato, como mensagens nascidas de uma orientação superior. Fique atento às comunicações silenciosas que as pessoas lhe transmitem. Comece a fazer uma atividade ou um esporte que aguce os seus sentidos. Pratique o "estar alerta relaxado". Faça dessa atitude a sua segunda natureza. Nessa condição de alta energia isenta de *stress*, você amplia a sua habilidade de estar totalmente no instante presente e expande a sua consciência. Saiba que o estado de alerta injeta adrenalina na sua corrente sanguínea, levando-o a um desempenho superior na medida em que conduz toda a sua energia para a elaboração de uma resposta rápida e coerente.

Comunhão

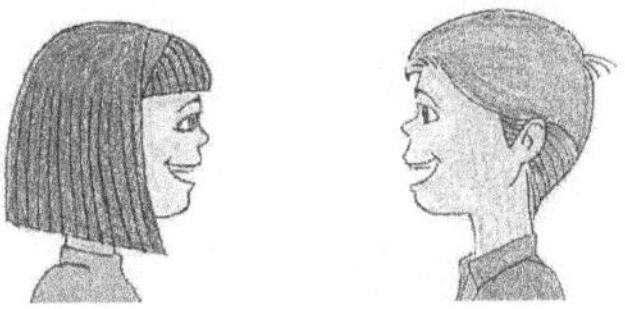

Hoje, comungue com a vida. Partilhe a sua boa sorte, as suas realizações e o seu amor. Associe-se aos demais partindo do centro amoroso em seu coração. Dê, receba, alegre-se. Comece a freqüentar reuniões e a fazer parte de associações e congregações que tenham como propósito servir ao bem dos outros seres humanos. Comungue com a sua porção mais sábia. Tenha como finalidade unir-se intimamente e permanentemente ao seu Eu Divino. Faça um santuário e reserve um tempo para comungar com Deus. Compreenda que somos todos diferentes roupagens do Uno e que temos em comum a Sua essência e a capacidade de retornar em consciência a Ele.

Poder

Hoje, conscientize-se de ser poder. Poder de ser, de dar vida, de construir, de explorar, de aprender e de transformar. Use o seu poder, mas não abuse dele. Reforce esse dom com sabedoria. Utilize o seu poder para revelar o seu potencial, para criar um mundo melhor. Afaste-se da manipulação e da imposição; exercite esse valor pela estatura e integridade do seu caráter. Exerça o poder sendo um modelo e um exemplo para os demais. Creia em sua força para que os outros façam o mesmo. Espalhe o seu poder também mediante metas comunitárias, coletivas ou ecológicas. Aproveite o seu poder para buscar a sua iluminação e ascensão. Acredite que você pode, desde que queira.

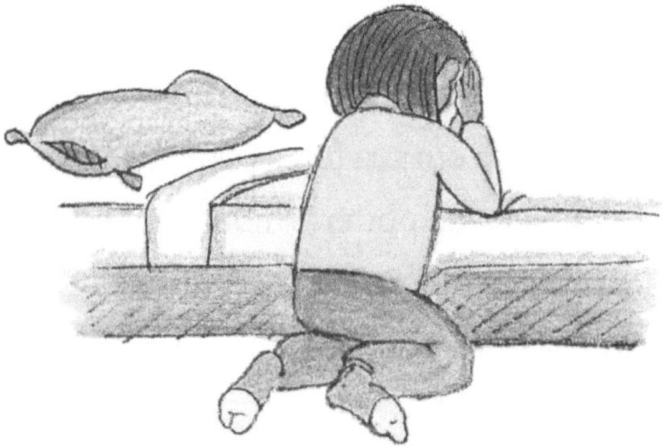

Fé

Hoje, fortaleça a fé, essa parte de você que toca o infinito. Saiba que a fé está em você e além de você. Prepare um altar na sua casa. Vá à igreja, ao seu altar particular, ao templo, à sinagoga ou a algum local sagrado para você e conecte-se à energia desses lugares de grande poder. Ore e faça alianças com essas forças superiores. Medite. Sinta-se preencher desse sentimento que o sustenta quando tudo o mais falha. Tenha fé que tudo vai dar certo. Estude a vida dos santos ou de pessoas de muita fé. Deixe que a fé e a vontade de servir a Deus orientem as suas escolhas.

Comprometimento

Hoje, honre a sua palavra e as suas decisões. Faça uma lista das coisas com as quais se comprometeu e avalie se está cumprindo. Corrija o que for necessário. Comprometimento é o valor que assegura aos outros que eles podem contar conosco e que nos dá segurança e tranqüilidade por saber que seremos apoiados em nossas iniciativas. Prefira ser honesto e realista a ser leviano e comprometer-se prematuramente. Reflita sobre as áreas da sua vida nas quais você já está pronto para assumir novos compromissos e congratule-se pelos acordos que já cumpriu com sucesso.

Inocência

Hoje, repare a sua volta com os olhos da novidade. Compreenda que a novidade é a verdade. Tudo é sempre uma grande novidade. É impossível saber o que guarda o minuto seguinte. Dê as mãos a sua criança interior e convide-a a partilhar com você este dia. Dissolva os seus pensamentos antigos e preconcebidos. Dilua as suas certezas e desconfianças. Permita-se ir ao encontro de pessoas e situações como se fosse pela primeira vez. Procure estar aberto e ser espontâneo em suas atividades. Lembre-se que a inocência ingênua é natural da criança enquanto a inocência intencional é uma conquista do adulto maduro. Saiba que viver com inocência é confiar na sua capacidade de enxergar as pessoas e o mundo como eles realmente são. Praticar este valor é reconhecer o mérito dos outros e dar espaço para eles serem quem são.

Admiração

Hoje, admire-se. Quando você está imbuído do desejo de se admirar, tudo parece mais radiante, as paisagens ganham mais brilho e fulgor e as pessoas são mais belas e amáveis. Admire os lugares por onde passar. Admire a si próprio e admire o mistério milagroso que é a vida. Deixe que os outros o admirem e preencha-se com essa energia boa que os outros oferecem a você. Admire as qualidades das pessoas que encontrar e, se puder, compartilhe a sua admiração pelos outros e com os outros. Sinta o prazer que é reconhecer o melhor de cada pessoa, lugar e circunstância.

Paz

Hoje, medite sobre a paz. Reflita sobre como a paz começa em você mesmo. Entenda que num mundo hipotético de seres pacíficos não haveria lugar para a discórdia. Faça uma visualização imaginando todos os detalhes da vida e do cotidiano nesse paraíso glorioso. Traga essa sensação reconfortante para dentro de sua alma. Procure em você o seu centro de paz. Encontre em você aquele espaço que vive em bem-aventurança, satisfeito com o que é e tem e agarre-o. Comece a trabalhar diariamente o pensamento, o sentimento e a ação pacíficos. Intensifique a paz por intermédio do seu exemplo. Participe de movimentos em prol da paz e nunca contra a guerra, pois tudo em que colocamos a nossa atenção permanece. Plante as sementes da paz para que ela possa brotar aonde quer que você vá.

Compreensão

Hoje, exercite a vontade de compreender profundamente tudo. Nessa intenção, alie o foco, a atenção e a paciência. Crie condições para que qualquer aprendizado passe a fazer parte do seu ser. Analise, observe, investigue e compreenda. Interprete e dê sentido às palavras e coisas que o rodeiam. Seja compreensivo. Empenhe-se em compreender como você chegou até o ponto em que se encontra hoje. Procure compreender as pessoas e suas razões, as situações e os motivos para a sua existência, as causas e os efeitos, os processos em andamento e as lições que as experiências trazem.

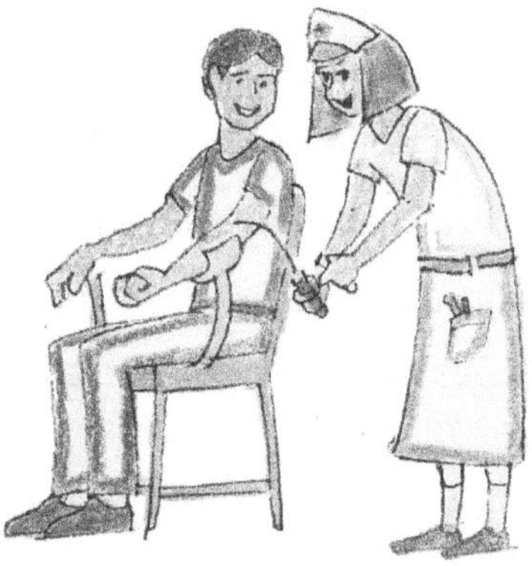

Doação

Hoje, dê e doe-se. Doe o seu tempo. Dê a sua atenção. Doe a sua capacidade de auxiliar e de elevar os outros. Dê o seu amor. Doe parte de seus recursos materiais. Doe sangue. Procure uma entidade beneficente onde você possa usar os seus conhecimentos e o seu profissionalismo em prol de uma causa. Faça uma seleção daquilo que você não usa mais e entregue para aqueles que vão usar. Ao doar você estará treinando o desprendimento material, melhorando a distribuição de renda, promovendo a circulação de bens e energia, e contribuindo para uma sociedade mais amorosa, mais eqüitativa e mais igualitária. Doe também pelo simples prazer de compartilhar o que você tem e quem você é.

Amabilidade

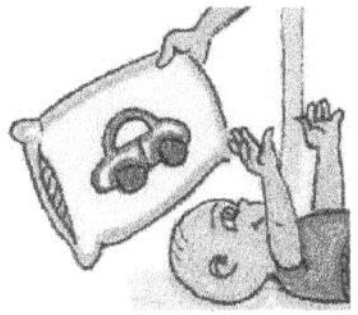

Hoje, exercite a amabilidade em seus contatos. Sente-se somente quando os outros já estiverem acomodados. Abra a porta do carro para o seu acompanhante. Seja hospitaleiro e bom anfitrião. Sorria! Dê bom-dia, boa-tarde, boa-noite. Pergunte como foi o dia dos outros. Abrace as pessoas ao cumprimentá-las. Seja gentil com os idosos. Elogie as pessoas e seus atos admiráveis. Ao falar, procure fazer somente comentários positivos. Diga palavras de ânimo e encorajamento a quem precisa. Peça desculpas sinceras ao perceber que errou ou magoou alguém. Seja amável, olhando as pessoas nos olhos e reconhecendo a importância delas. Beije. Toque. Acaricie. Cative. Distribua livremente a sua doçura e amabilidade a todos que passarem por você.

Equilíbrio

Hoje, encontre o seu centro. Procure um meio-termo entre as polaridades de que somos feitos. Analise quais aspectos seus poderiam ser beneficiados com mais equilíbrio de sua parte. Como está o seu físico? Há quantas anda o seu lado emocional? Você tem nutrido a sua parte mental? Prestado atenção ao seu aspecto espiritual? Você se sente balanceado ou despende porções de energia muito desiguais em cada um desses aspectos? Trabalhe o equilíbrio. Não fale nem muito nem pouco. Nem só pense e nem só sinta. Não aja nem muito nem pouco. Nem só trabalhe e nem só passeie. Faça um gráfico que demonstre o quanto de tempo ou de energia você investe em cada setor da sua existência. Se for o caso, tome providências para equilibrá-la. Restabeleça o ponto mediano, onde a vida flui sem esforço.

Ajuda

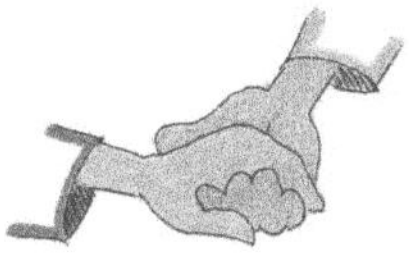

Hoje, ofereça ajuda quantas vezes puder, mas não force a situação; lembre-se de perceber se sua ajuda está sendo bem-vinda. Só podemos ajudar àqueles que querem ser ajudados. Permita também que as pessoas possam ajudá-lo. A ajuda que você der pode ser uma palavra, um escutar atento, uma "mãozinha", algum tipo de suporte material ou emocional, uma informação ou a sua simples presença. Não se preocupe com a forma que essa intenção irá tomar. Apenas disponha-se a ajudar desde cedo e a sua predisposição irá criar oportunidades para cultivar esse valor.

Concórdia

Hoje, alie-se aos demais concordando com eles e colocando-se a serviço de um bem maior. Procure deixar em segundo plano o desejo de estar certo e o esforço para fazer valer a sua vontade. Alinhe-se com a melhor expressão de si mesmo, com as razões do outro ou com a direção da maioria num grupo. Coloque-se em estado de concórdia tranqüilizando o seu corpo, a sua alma e o seu espírito e dispondo-se a conviver pacificamente no mundo.

Desejo

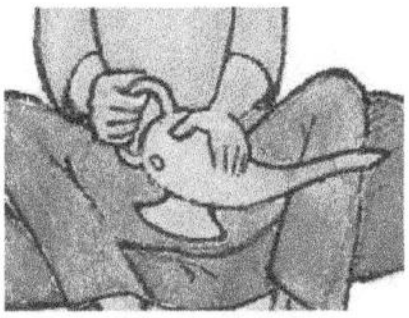

Hoje, exercite o seu querer. Faça uma lista de tudo o que você deseja. Prepare um mural com frases e fotos para ilustrar os seus desejos. Sacie-se sonhando e sabendo que cada dia que passa você está mais perto dos frutos do seu desejo. Visualize o seu desejo tornando-se real. Experimente as sensações que irá sentir quando isso acontecer. Sinta a felicidade de saber com toda certeza que um dia o seu desejo será uma realidade. Satisfaça o seu desejo imediato, seja ele de água, de um banho, de um doce, de dormir. Perceba quantos de seus desejos já se cumpriram e sinta-se grato. Conscientize-se dessa força que é desejar. Saiba que é ela que nos move e nos faz continuar.

Apoio

Hoje, sustente a si mesmo e aos outros. Apóie verbalmente as afirmações que você costuma confirmar só em silêncio. Dê suporte aos amigos que solicitarem. Apóie decisões justas. Incentive as empreitadas do seu companheiro. Apóie a sua própria vontade, o seu esforço e a sua disposição em seguir adiante, enunciando frases que o motivem ou se parabenizando pelas suas conquistas. Não importa como o seu apoio a si mesmo ou ao próximo irá acontecer, apenas ampare e perceba como caminhamos mais confortavelmente quando temos algo ou alguém nos apoiando.

Pontualidade

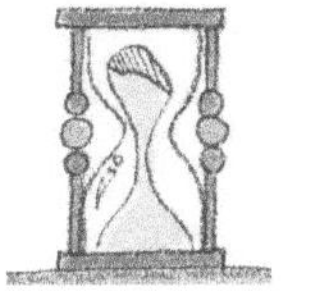

Hoje, gerencie o seu tempo. Saiba que o tempo é seu aliado. Não tente controlar o tempo, ele não pode ser controlado; antes, controle a si mesmo. Procure estar no agora a todo instante; esse foco lhe dará a sensação de expansão do tempo. Estabeleça prioridades. Não deixe para fazer as coisas que tem para fazer na hora em que tiver de sair; faça-as antes ou depois. Não marque mais de um compromisso para a mesma hora. Procure sair com antecedência para que qualquer imprevisto que aconteça não o atrase. Lembre-se de que os horários e prazos marcados existem para facilitar a sua vida e a dos outros. Seja pontual para demonstrar às pessoas que você respeita o tempo delas tanto quanto respeita o seu.

Consideração

Hoje, importe-se com o bem-estar do próximo como se fosse o seu. Ceda o seu lugar na fila ou o seu assento para quem precisa mais do que você. Dê passagem no trânsito. Espere as pessoas saírem antes de entrar no elevador. Procure alguém que você sabe que sente a sua falta; ou, então, telefone ou mande uma carta ou *e-mail* carinhoso. Demonstre consideração pelos idosos e pelos menos afortunados. Ouça suas histórias. Ofereça algum tipo de ajuda. Considere a opinião alheia quando for tomar algum tipo de posição, atitude ou decisão. Abra a sua alma para os motivos dos outros.

Questionamento

?

Hoje, não deixe passar nada sem um momento de reflexão. Tome o tempo necessário para observar, refletir e avaliar. Não se preocupe em andar na contramão da opinião geral. Saiba que o questionamento vai torná-lo uma pessoa mais esclarecida, mais auto-suficiente e mais honesta e menos sujeita a preconceitos e opiniões vazios. Analise seu comportamento, suas emoções e suas ações, bem como os dos outros. Questione as informações que você vê e lê nos veículos de informação. Reflita a respeito das regras, dos hábitos e das atitudes suas e da sociedade, que você habitualmente não costuma questionar; pergunte-se se poderiam ser diferentes, ou perceba como se ajustam bem ao seu propósito e ao de um grande número de pessoas. Medite sobre como e por que eles surgiram e se você observa que as regras, os hábitos e as atitudes estão permanecendo ou deixando de existir. Questione tudo o que puder.

Conciliação

Hoje, abra espaço para a paz e a harmonia tanto dentro quanto fora de você. Permita que a ambigüidade se dissolva na luz da conciliação. Tente conciliar sentimentos contraditórios, encontrando a justa medida entre eles. Em questões controversas, identifique ou ajude a identificar um consenso entre as partes envolvidas. Pese os dois lados de cada situação e concilie uma saída propondo um acordo. Contribua consigo e com os demais percebendo e mostrando que esse valor privilegia todos os envolvidos numa determinada situação conflituosa, ao criar uma nova perspectiva. Caminhe no meio-termo.

Espontaneidade

Hoje, seja genuíno. Não pense muito antes de agir. Não se concentre no que os outros pensam a seu respeito. Somente aja com naturalidade. Permita-se, desde que isso não magoe ninguém, verbalizar a primeira coisa que passar pela sua cabeça. Dê risadas, até mesmo gargalhadas, se sentir vontade. Nos seus gestos, siga os impulsos que provêm do coração. Brilhe com a luz da sua originalidade. Mostre aos outros quem você é verdadeiramente, sem reservas, medos ou disfarces. Seja natural e exuberante como as crianças e a natureza. A beleza verdadeira mostra-se na espontaneidade; deixe que ela passe através de você.

Conexão

Hoje, conecte-se interiormente e exteriormente. Preste atenção à linguagem do seu corpo e de suas emoções; ela está sempre nos contando alguma coisa que visa ao nosso bem. Faça suas escolhas com base nessa percepção. Respeite essa conexão com essa parte intuitiva de si. Almoce na hora que ela lhe indicar. Descanse quando sentir o seu nível de energia cair. Exercite-se quando o seu corpo pedir. Conecte-se aos outros. Perceba como se sentem. Não opine quando a conexão lhe pedir para calar. Ouça. Veja como pode se relacionar melhor. Conecte-se aos ambientes. Vibre positivamente para elevar o seu astral. Sinta o que pode ser feito para tornar os lugares mais aconchegantes. Plantas? Flores? Água corrente? Algo colorido? Conecte-se aos níveis invisíveis e elevados para receber orientação. Conecte-se à egrégora dos Mestres Ascensionados para obter ensinamentos e acelerar a sua evolução. Misture-se e sinta o mundo e o que é do mundo em você.

ESCOLA

Responsabilidade

Hoje, tome a sua vida nas mãos. Entenda que qualquer coisa que acontece a você é sempre de sua responsabilidade, tem origem no seu comportamento e é resultado de suas escolhas. Reconheça também que tudo o que lhe ocorre serve à evolução e a um propósito maior que talvez você ainda desconheça. Ser responsável significa parar de culpar o que ou quem quer que seja. Responsabilizar-se implica assumir o controle de si mesmo e de sua existência e em responder pronta e eficientemente aos desafios que se apresentam. Congratule-se pelos setores de sua vida pelos quais você já é responsável. Avalie outras áreas nas quais você considera que está pronto a exercer novas responsabilidades e prontifique-se a colocar sua decisão em prática. Almeje ser capaz de cuidar de questões cada vez maiores, partindo de si mesmo, e seguindo rumo à família, à cidade, ao país e ao planeta.

Carinho

Hoje, extravase o carinho que mora em você. Demonstre a todos, de maneira verbal ou tátil, o quanto você os aprecia. Abrace e beije abundantemente. Diga palavras carinhosas e de incentivo. Faça um chamego, um cafuné ou dê um "cheirinho" em quem você gosta. Encontre novas maneiras de dar carinho aos outros. Aproxime-se das pessoas como se quisesse sempre presenteá-las com o diamante que habita em seu coração. Permita-se receber também os mimos e carinhos que o Universo lhe envia. Cerque-se de crianças, de pessoas queridas e de animais, experimentando o carinho que eles oferecem e recebem livremente.

União

Hoje, una-se ao demais. Una-se ao seu amor, aos seus amigos e à sua família. Procure novos parceiros para seus projetos. Promova a união onde ela estiver ausente. Tente a seguinte visualização: Imagine que você está se expandindo; primeiro, toque as paredes da sala, lentamente perceba seus limites estendendo-se por toda a casa; depois, envolvendo a casa e as pessoas que moram nela, sinta a sua união com elas; a seguir, abrace o bairro, sinta o burburinho, a turbulência, a agitação, os desejos, a gratidão e tudo e todos dentro de você. Continue a crescer até tomar conta com sua grandeza de toda a cidade e seus habitantes. Continue sentindo a sua expansão. Envolva o seu país, perceba como tudo que existe fora também está dentro de você. Abarque nesse ser vasto que agora é você, todos os países e o planeta. Continue a sua jornada envolvendo os outros planetas do nosso sistema solar. Inclua a nossa galáxia e outras consciências que possam existir. Insira em você todas as galáxias e por fim o Universo. Una-se sabendo que tudo e todos somos um; uma vasta rede interconectada formada por diversas centelhas em diferentes aparências e aspectos que se resumem a Deus.

Cooperação

Hoje, considere a necessidade do próximo tão importante quanto a sua. Distribua a sua boa vontade aos outros. Coopere nas pequenas e grandes coisas. Ajude a colocar a mesa, a lavar e enxugar a louça, a recolher um papel que foi jogado no chão, a fazer o almoço, a lavar a roupa, a preparar uma apresentação ou o projeto de um colega. Escute os seus amigos e ofereça o seu ombro ou a sua mão. Pergunte aos seus pais como você poderia colaborar com eles. Aceite a ajuda dos seus filhos nas suas tarefas. Em atividades de grupo, contribua para que o objetivo se realize da melhor forma possível. Jogue jogos cooperativos. Coopere com o ambiente plantando uma árvore ou mesmo fazendo uma muda, não desperdiçando recursos, reciclando e reaproveitando. Colabore para o bem comum mantendo-se calmo no trânsito ou andando mais de bicicleta ou a pé. Dê o primeiro passo, fazendo pelos outros o que gostaria que fizessem por você.

Organização

Hoje, seja organizado. Comece organizando a sua mente, livrando-se de pensamentos sem importância. Não perca tempo com coisas sem relevância. Não se envolva em fofocas ou discussões. Delegue tarefas. Priorize. Planeje um número menor de atividades para um único dia. Faça uma lista do que você tem para fazer amanhã e deixe o seu estado onírico (estado de sono) ordenar e programar seus apontamentos para você. Organize os seus papéis e os seus armários. Organize as suas emoções e os seus relacionamentos. A ordem cria uma atmosfera clara e limpa onde a energia pode transitar livremente. Experimente o seguinte exercício: Imagine que amanhã você terá de: jantar, rezar, arrumar o seu quarto ou a casa ou o escritório, tomar banho, fazer compras, telefonar para algumas pessoas, cuidar do seu animal de estimação, estudar ou trabalhar, praticar um esporte, visitar um parente ou amigo, almoçar. Estabeleça uma seqüência para essas ações tentando ser o mais prático e organizado possível, e depois descreva como será o seu dia.

Coerência

A+B=AB

Hoje, pratique o pensar, o sentir, o falar e o agir coerentes. Ao pensar e sentir algo, traga à consciência esse pensamento e esse sentimento e ao compartilhá-lo com alguém diga exatamente o que passou pela sua cabeça e coração. Em seguida, se for possível execute também uma ação referente ao que foi dito. Procure sempre dar os primeiros passos no sentido da concretização das suas idéias e palavras assim que elas surgirem. Se estiver cansado, relaxe e descanse. Se estiver alegre, ria, divirta-se. Se sentir saudades, mande uma amorosa mensagem telepática ou telefone para marcar um encontro. Se tiver dúvidas, pergunte. Faça com que toda a sua energia flua numa mesma direção.

Respeito

Hoje, conceda ao próximo o mesmo grau de afirmação que você deseja para si. Entenda o respeito pelo desejo de ter assegurado o seu direito de ser quem é, tendo condições e liberdade para isso. Em primeiro lugar lembre-se de respeitar a si mesmo. Demonstre também esse valor procurando beneficiar os outros e evitando prejudicar o que ou quem quer que seja. Valorize as características, o tempo e o espaço próprios e de seu semelhante e permita que as pessoas cresçam no seu próprio ritmo. Constate a multiplicidade de modos de conduta e de maneiras de ser, cada uma pedindo uma resposta diferente da sua parte; aprenda a respeitá-los e a validá-los. Coloque-se no lugar do outro antes de agir. Abstenha-se de interferir nos assuntos alheios sem permissão. O respeito é fundamentado na noção verdadeira de que todos têm importância e valor, porque cada um é único e imprescindível.

Intuição

Hoje, reconheça a intuição como mais um dos seus sentidos (tato, olfato, visão, audição, paladar e propriocepção). Procure saber o que ainda está oculto, perceber as intenções de alguém ou prever as conseqüências de uma determinada ação. Saiba que a intuição funciona pelo somatório e integração de inúmeros dados inconscientes, conscientes e supraconscientes e por isso é muito mais completa e eficaz do que a mera racionalização. Fique atento para não confundir a intuição com a voz do seu desejo. Tente os seguintes exercícios: 1. Forme uma dupla, peça um objeto pessoal do parceiro, pegue-o nas mãos e descreva as sensações que esse objeto produz. Por exemplo, se você acha que foi algo que ele comprou ou que recebeu de presente, ou qual o significado que você intui que esse objeto tem para o outro ou ainda as circunstâncias em que é usado. Invertam as posições. Verifiquem depois o que estava correto. 2. Anote todas as vezes que uma pessoa lhe vem à cabeça sem nenhuma razão aparente ou associação de pensamento. E anote novamente quando essa pessoa aparecer, ligar, ou for citada por alguém.

Tranqüilidade

Hoje, relaxe; não se estresse, respire profunda e pausadamente. Conte até cem, ou até mil se for preciso. Experimente novas maneiras de se comportar que se originam no seu Eu Superior, aquela sua parte sábia e imperturbável que sabe que nada pode desestabilizá-lo e que tudo ocorre para o melhor. Releve. Medite. Coloque-se no lugar do outro antes de responder a qualquer acontecimento. Reflita antes de reagir. Crie momentos de calma desenhando uma mandala, acendendo um incenso, ouvindo uma música suave, lendo um livro edificante, contemplando o vôo de um pássaro, sentindo a brisa soprar, ou tomando um banho gostoso. Visite um lugar da natureza, abrace uma árvore, observe o escoar da água num riacho, escute os sons naturais que abundam nesse ambiente. Sinta o sossego que reina nesse espaço e preencha-se com ele.

Aprendizado

Hoje, traga consciência para cada coisa que estiver vivendo e aprendendo. Você verá que são inúmeras as experiências de aprendizado durante um único dia. Liste tudo o que aprendeu nos últimos tempos. Aprender é incorporar conteúdo e capacitar-se. Enumere as coisas que ainda pretende ser capaz de saber ou fazer. Facilite o seu aprendizado por meio dos seguintes passos: Faça perguntas sobre o que deseja aprender e perceba que, à medida que a sua competência no assunto aumenta, você vai sendo mais capaz de respondê-las prontamente. Submeta o seu aprendizado a testes para avaliar em que ponto você está. Transmita e aplique os seus conhecimentos sempre que puder; desse modo, terá de rememorar o que assimilou e pensar sobre isso. Exercite essa capacidade inerente da nossa espécie.

Confiança

Hoje, seja confiável. Confie na sua própria habilidade de fazer o que se propôs. Dê crédito aos demais, confiando que eles estarão lá para você. Ofereça-se para estar ao lado de quem precisar. Tente sempre cumprir o que promete. Procure dizer às pessoas, com suavidade, o que pensa e sente verdadeiramente. Seja coerente, sinta, pense, fale e aja com congruência, para com isso dar elementos para que os outros confiem em você. Observe a capacidade que tem uma criança ou um animal de estimação de acreditar que você o proverá de tudo o que ele necessita. Aprenda com eles e confie que o Universo está o tempo todo fazendo o mesmo por você.

Perseverança

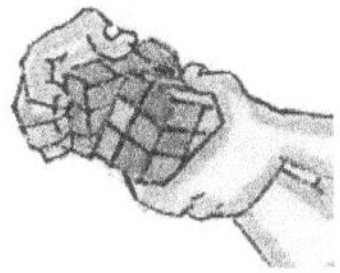

Hoje, insista em prosseguir resolutamente. Compreenda que para ver resultados é preciso investir tempo, energia e paciência. Determine-se a não desistir face às dificuldades. Indague se você tem perseverado em conquistar as coisas que deseja. Lembre-se de renovar diariamente sua motivação e de reafirmar os porquês de você querer atingir um determinado propósito, para que o exercício de perseverar não se torne um fardo. A perseverança é mais fácil quando temos claro o que pretendemos conseguir com ela. Dê um passo de cada vez e comemore a cada estágio superado. Doe palavras de estímulo para motivar os outros a perseverar. Use a sua vontade para combater o desânimo, a preguiça e as mudanças de humor, características inimigas da constância e da perseverança.

Aconchego

Hoje, seja aconchegante nos seus contatos com os outros. Permita que as pessoas se aproximem e sintam o seu calor e receptividade. Escolha um momento para se aconchegar nos braços do seu par, amigo ou familiar. Prepare um ambiente cômodo e aconchegante entre almofadas e cobertas. Crie um momento reconfortante tomando um vinho, um suco ou um chá quente, lendo um bom livro, se esquentando em frente a uma lareira ou afagando um bichinho. Abuse do aconchego nos seus relacionamentos, pois o sentimento de acolher e de ser acolhido faz baixar o nível de ansiedade e aumenta o prazer e as defesas do organismo.

Integridade

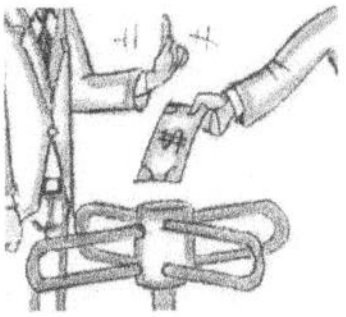

Hoje, examine a sua totalidade. Saiba que você é íntegro e perfeito a cada instante considerando o estado de consciência em que se encontra. Perceba que, mesmo assim, conforme a sua consciência evolui você abre espaço para completar-se ainda mais. Viva de acordo com os seus mais elevados princípios. Procure agir com a máxima retidão a cada novo desafio. Esforce-se para integrar os lados material e espiritual de sua existência. Faça uma avaliação dos valores que você já incorporou ao seu ser. Liste os valores que você está pronto a incluir no rol de quem você é para tornar-se mais pleno.

Quietude

Hoje, silencie. Reserve algum momento para apenas ser. Extraia prazer do ócio. Descubra novas maneiras de agir, fundamentadas na quietude e no mínimo esforço. Sente-se e apenas observe. Deite-se e sonhe. Escute a sua voz interior. Medite, tentando esvaziar a sua mente dos pensamentos. Penetre no vazio de onde todas as coisas surgem. Descanse. Durma. Reabasteça suas baterias por meio do repouso. Alinhe sua coluna fazendo alongamentos; ela é o pilar de sua capacidade de quietude. Fale menos. Ouça mais. Ao sentir que alguma dúvida, desconforto ou turbulência se avizinha, coloque em ação medidas para restabelecer a serenidade, como o respirar abdominal consciente ou o entoar de mantras. Acalme também suas emoções, afirmando que tudo está bem.

Adaptabilidade

Hoje, não se permita sentir-se afetado quando um plano seu for cancelado ou alterado. Permaneça leve, centrado e alegre. Treine adaptar-se com flexibilidade às novas circunstâncias. Disponha-se a modificar a sua maneira de se comportar de acordo com a necessidade do momento. Treine a sua versatilidade, para ser capaz de acrescentar novos componentes ao perfil de suas habilidades. Coloque-se em circunstâncias nas quais possa usar o seu jogo de cintura. Negocie os elementos de uma situação de modo que todos possam sair ganhando. Participe de grupos e adapte-se à energia e à dinâmica circundante. Não aceite parar imóvel e estagnado nas curvas do caminho. Deslize com a correnteza.

Beleza

Hoje, olhe o mundo com os olhos de quem quer ver a beleza. Embeleze-se. Enfeite o seu quarto, o seu escritório, a sua cozinha, a sua sala, a sua casa. Embeleze alguém ofertando-lhe algo bonito e útil. Passeie por um ambiente natural. Vá a uma exposição de arte ou a um concerto. Estude a Proporção Áurea (PHI = 1,618), número capaz de explicar a harmonia das formas naturais ou criar a beleza na composição de um quadro ou entre os elementos de uma obra arquitetônica. Presenteie os outros com palavras belas e positivas. Pergunte-se o que é beleza para você. Liberte-se de condicionamentos e julgamentos e admire a infinidade das belezas que o rodeiam a todo instante.

Motivação

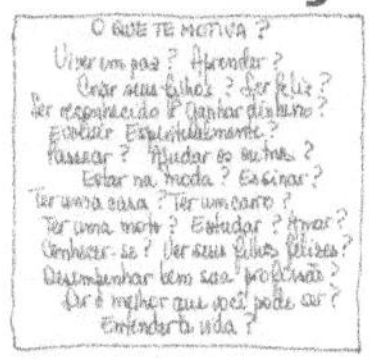

Hoje, descubra os motivos que determinam o seu comportamento. O que o motiva a levantar-se pela manhã? O que o impulsiona a estudar? O que o motiva a trabalhar? O que o impele a fazer exercícios? O que o leva a fazer uma dieta balanceada? O que o incentiva a encontrar os seus amigos? O que o estimula a cuidar bem de você? Qual é a sua maior motivação nesta vida? Invista e insista nessa pesquisa, pois a motivação é o combustível que alimenta o nosso cotidiano e que nos move sempre para a frente. Reconhecer as suas motivações é perceber quem você é, como você funciona, os seus gostos, os seus objetivos e o seu propósito maior.

Justiça

Hoje, pense sobre a justiça. Você considera a justiça uma faculdade da razão? Você sente a justiça como um valor inato ou adquirido? É possível ser imparcial? A justiça pode ser entendida como o ideal ou valor que procura dar a todos direitos iguais sem discriminar etnia, posição na sociedade, religião ou origem. É também o princípio regulador da ordem social, tendo as leis como seus instrumentos. O que é a justiça para você? Reflita sobre como a justiça pode ser um valor difícil e complexo, já que tem a ver com a noção de certo e de errado, conceitos arbitrários baseados em princípios religiosos e em leis que nós mesmos promulgamos. Perceba que, à medida que evoluímos como seres humanos, a nossa noção de certo e errado se modifica e se amplia. Você se considera uma pessoa justa? Lembre-se da lenda de Salomão e procure temperar a justiça com bom senso e amor para que ela não se torne dura e fria.

Paciência

Hoje, dê tempo ao tempo. Entenda que tudo acontece na hora certa e que se impacientar não vai apressar os resultados. Coloque-se voluntariamente em situações que possam ajudar a treinar a sua paciência. Se há algum parente que faz com que você perca a paciência, procure estar com ele para desenvolver este valor. Se for o trânsito que causa a impaciência, use-o como instrumento para relaxar ou rever seus planos. Se for a demora em ver uma determinada situação ser solucionada, o que o constrange, perceba que tudo deve atingir um amadurecimento antes de se manifestar. Não confunda paciência com submissão, permissividade ou passividade. Use a paciência para suportar o que tem de ser suportado. Exercite-a ao não reagir àqueles que, tomados por um descontrole, o agridem. Porém, use o discernimento quando notar que querem explorar ou tirar vantagem de você e saiba também ser firme. Aprimore essa disposição interior que mantém o seu organismo limpo e puro diante de qualquer contratempo ou adversidade.

Altruísmo

Hoje, seja maior que você mesmo. Dê tudo o que puder sem pensar em nenhuma recompensa. Acostume-se a agir sem a expectativa da reciprocidade. Dê com a única intenção de praticar esse valor. Pratique a caridade e a filantropia. Doe o seu tempo, a sua energia e o seu sorriso. Dê o seu amor e a sua atenção. Doe roupas e alimentos. Dê um telefonema para quem você sente que necessita. Dedique-se aos menos afortunados. O altruísmo conduz ao aprimoramento próprio e à construção de um mundo melhor e mais justo, pois em última análise todos estamos unidos e dependemos uns dos outros e, portanto, a felicidade de um significa a satisfação de todos.

Conhecimento

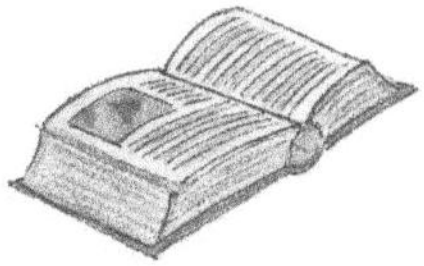

Hoje, disponha-se a conhecer. Enumere os temas que ainda pretende entender, absorver, assimilar, reter, incorporar e integrar à sua alma. Estude os assuntos pelos quais você se interessa. Investigue quem você é. Trave conhecimento com novas pessoas e aprofunde o contato com aquelas do seu convívio. Partilhe as suas informações com os outros. Exercite e teste o que sabe colocando o seu conhecimento em prática. Forme um grupo de estudos com pessoas que querem aprender coisas semelhantes a você. Inscreva-se num curso. Dê uma palestra. Leia um livro. Observe. Informe-se. Pesquise. Recicle-se. Torne-se mais completo, abrangente e humilde por meio do conhecimento, criando e reforçando novas conexões neurais em seu cérebro e novos padrões emocionais, de comportamento e de conduta.

Felicidade

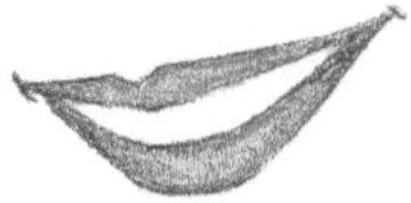

Hoje, faça pelo menos uma coisa que realmente lhe traga felicidade e desfrute dessa sensação. Sinta a alegria invadi-lo enquanto toma um café, conversa com um amigo, beija o seu companheiro ou cuida da sua aparência. Saboreie a felicidade ao brincar com uma criança, abraçar um familiar, andar de bicicleta, tomar um sorvete ou observar as formas das nuvens no céu. Lembre-se das situações felizes que já viveu e sorria mais uma vez. Reconheça as várias razões que tem para se sentir feliz no momento presente. Visualize o seu coração pulsando forte, grato, completo e feliz. Imagine cada nova batida levando essa energia de bem-estar para todo o seu ser. Deixe que a felicidade infiltre-se em cada átomo que compõe o seu corpo. Seja você um mensageiro que transporta a felicidade a todos os recantos e cantos da Terra.

TABELA DOS VALORES POR CATEGORIAS

Valor	Virtude	Ação	Dom
Abundância	Abertura	Aconchego	Amor
Altruísmo	Aceitação	Ajuda	Atenção
Amizade	Adaptabilidade	Alerta	Comunicação
Aprendizado	Admiração	Apoio	Concentração
Arte	Amabilidade	Aventura	Consciência
Beleza	Amparo	Benção	Criatividade
Bondade	Autenticidade	Carinho	Cura
Compaixão	Bom Humor	Celebração	Curiosidade
Concórdia	Capricho	Comunhão	Desejo
Confiança	Clareza	Conexão	Força
Conhecimento	Coerência	Conservação	Intenção
Cooperação	Compreensão	Doação	Intuição
Coragem	Comprometimento	Inspiração	Poder
Cuidado	Conciliação	Motivação	
Desapego	Consideração	Questionamento	
Dignidade	Cordialidade	Validação	
Economia	Deslumbramento		
Entrega	Determinação		
Equilíbrio	Disciplina		
Esperança	Entusiasmo		
Fé	Espontaneidade		
Felicidade	Gentileza		
Fraternidade	Otimismo		
Generosidade	Paciência		
Gratidão	Pontualidade		
Harmonia	Simplicidade		
Honestidade	Tranquilidade		
Humildade			
Inocência			
Integridade			
Justiça			
Liberdade			
Limpeza			
Organização			
Paz			
Perdão			
Perseverança			
Quietude			
Respeito			
Responsabilidade			
Solidariedade			
Tolerância			
Tradição			
União			

MINHA AUTO-AVALIAÇÃO

Valores	Minhas Notas
Abertura	5
Força	6
Entusiasmo	7
Generosidade	8
Cura	6
Harmonia	5
Atenção	7
Bom Humor	5
Solidariedade	7
Clareza	6
Autenticidade	8
Determinação	7
Tradição	8
Cuidado	8
Desapego	1
Humildade	6
Intenção	6
Aventura	7
Conservação	8
Amor	6
Validação	6

LISTA DE VALORES

Abnegação
Afabilidade
Afeição
Afeto
Afinação

Agrado
Alegria
Alento
Altivez
Amistosidade
Amparo
Animação
Apreciação
Apreço
Aquiescência
Ascensão
Ascese
Asseio
Assertividade
Assiduidade

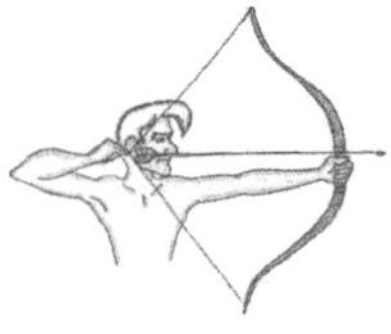

Autocontrole
Auxílio
Beatitude
Benevolência
Bom senso

Brandura
Bravura
Brincadeira
Brio

Calma
Camaradagem
Candura
Canto
Capacidade
Carícia
Caridade
Carisma
Carreira
Cautela

Cidadania
Civilidade
Clemência
Colaboração
Companheirismo
Competência
Complacência
Compostura
Conclusão
Condescendência
Confiabilidade

Conformidade
Conforto
Congratulação
Congruência
Conquista
Consistência
Consolo
Constância
Contemplação
Contentamento
Convicção
Cortesia
Credibilidade
Crescimento
Cultura
Dança
Decência
Decisão

Decoro
Dedicação
Deleite
Delicadeza
Descanso
Descontração

Despojamento
Desprendimento
Desvelo
Devoção
Diálogo
Diligência
Dinamismo
Diplomacia
Discernimento
Discrição
Discriminação
Disponibilidade
Disposição
Distinção
Diversão

Diversidade
Docilidade
Durabilidade
Educação
Eficácia
Eficiência
Elegância
Eloqüência
Empatia
Empenho

Empolgação
Empreendedorismo
Encantamento
Energia
Engajamento

Engenhosidade
Enlevo
Entendimento
Entretenimento
Envolvimento
Equanimidade
Esperteza
Espiritualidade
Esporte
Estabilidade
Estética
Estilo
Estima
Estudo
Ética
Evolução
Exatidão
Excelência
Êxito
Expansão
Expectativa
Experiência
Exploração
Expressão
Êxtase
Extroversão
Facilidade

Fidelidade
Fineza
Firmeza
Flexibilidade
Fluência
Fluidez
Foco
Franqueza
Garbo
Glória
Graça
Grandiosidade
Habilidade
Heroísmo
Honra
Idealismo
Igualdade
Iluminação
Imaginação
Imponência
Incentivo
Inclusão
Independência
Individualidade
Influência
Ingenuidade
Inofensibilidade

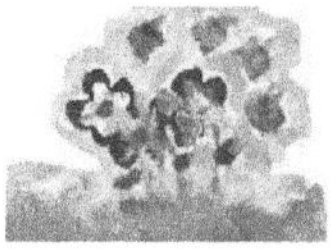

Inteireza
Inteligência
Interdependência

Interesse
Intimidade
Introspecção
Inventividade
Investigação
Jovialidade
Júbilo
Lazer
Lealdade
Legitimidade
Leveza

Liderança
Louvor
Lucidez
Ludicidade
Maestria
Magnanimidade
Magnificência
Maleabilidade
Maravilhamento
Maturidade
Meditação
Meiguice
Memória

Meticulosidade
Método
Misericórdia
Missão
Moderação
Modernidade
Modéstia

Moldabilidade
Moralidade
Mudança
Música
Naturalidade
Novidade
Nutrição
Obediência
Objetividade
Obstinação
Oração
Ordem
Ousadia
Paixão
Parceria
Parcimônia
Participação
Percepção
Perfeição
Permanência

Persistência
Perspicácia
Persuasão
Placidez
Plenitude
Pluralidade
Poesia
Ponderação
Positividade
Postura
Potência
Pragmatismo
Praticidade
Prazer

Precaução
Prece
Precisão
Preservação
Prestígio
Prevenção
Primor
Probidade

Produtividade
Profissionalismo
Profundidade
Propósito
Prosperidade
Proteção

Providência
Provisão
Prudência
Pudor
Pureza
Racionalidade
Realização
Reaproveitamento

Recato
Receptividade
Reciclagem
Reconhecimento

Refinamento
Reflexão
Regeneração
Regozijo
Relaxamento

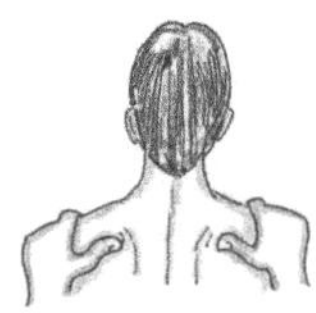

Renovação
Reputação
Resolução
Respiração
Restauração
Retidão
Reunião
Revelação
Reverência
Rigor
Ritmo

Romance
Sabedoria
Sacralidade
Sagacidade
Sapiência
Satisfação
Saúde
Segurança
Sensatez
Sensibilidade
Sensualidade
Sentimentalidade
Serenidade
Seriedade
Serviço

Silêncio
Simetria
Simpatia
Sinceridade
Sincronia
Sinergia
Singeleza
Singularidade
Síntese
Sintonia

Sobriedade
Sociabilidade
Solicitude
Solidez
Sossego
Suavidade
Sucesso
Superação
Surpresa
Sustentabilidade
Sutileza

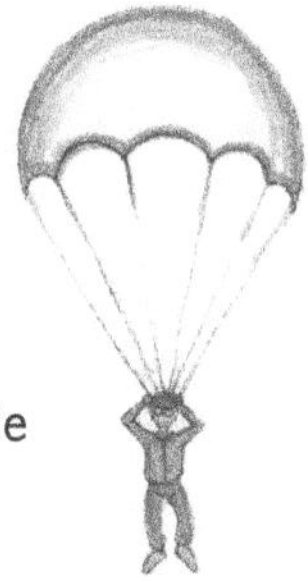

Talento
Tato
Telepatia
Temperança
Tenacidade
Ternura
Trabalho
Transformação
Transmutação
Transparência
Unidade
Vanguardismo
Verdade
Vibração
Vigilância
Vigor
Vitalidade
Vitória
Vivacidade
Vontade

Zelo

APÊNDICE

Seguindo os Valores como os navegantes seguiam a Estrela Polar alta no céu!

Neste Apêndice constam algumas idéias de brincadeiras, jogos e atividades para desenvolver com a sua família, com os seus companheiros de trabalho ou com as crianças de modo geral.

MURAIS COM FRASES SOBRE UM DETERMINADO VALOR

Valor trabalhado: Qualquer valor.
Componham frases sobre o valor escolhido e preguem no mural.

Exemplos para o valor Respeito:
Respeito vem de perceber o valor de tudo, pessoas, ambiente, regras, brinquedos, dinheiro.
Respeito é interessar-se pelos outros.
Respeito significa valorizar o próximo.
Ouvir as pessoas e esperar a sua vez são sinais de respeito.
Manter-se limpo e saudável denota respeito consigo mesmo.
O respeito faz do mundo um lugar melhor.

MURAIS COM FRASES PARA COMPLETAR

Valor trabalhado: Qualquer valor.
Escrevam as palavras iniciais ou finais de uma frase sobre qualquer valor e os demais as completam.

Exemplo para o valor Alegria:
O que eu mais gosto de fazer é...
Se você quer me ver alegre...
...me enche de alegria.

PAINÉIS SOBRE UM DETERMINADO VALOR

Valor trabalhado: Qualquer valor.
Componham um painel com ilustrações de jornais ou revistas, desenhos, escritos, ou com qualquer outro material que sirva para fazer uma bela composição sobre o valor escolhido.

HISTÓRIA CONJUNTA

Valores trabalhados: Criatividade, Colaboração, Diversão.
Sentem-se formando um círculo e iniciem a história com uma frase ou tema que alguém escolher. Cada participante acrescentará novos elementos à história. Parem quando sentirem que ela está completa.

POESIA CONJUNTA

Valores trabalhados: Criatividade, Cooperação, União, Arte, Harmonia.
Sentem-se formando um círculo e iniciem a poesia com uma frase ou tema que alguém escolher. Cada participante acres-

centará novos elementos à poesia. Parem quando sentirem que ela está completa.

TEATRO FALADO OU USANDO MÍMICA

Valores trabalhados: Criatividade, Colaboração, Beleza, Harmonia e valor escolhido.
Criem uma peça para representar o valor que escolheram. Lembrem-se de revezar as posições. Os que são atores desta vez poderão ser o público, o diretor ou os produtores na próxima ocasião.

CAIXA DE PRESENTINHOS SURPRESA

Valores trabalhados: Amor, Apreciação, Carinho, Comunicação, Expressão.
Prepare uma caixa e coloque num lugar especial, em sua casa, escola ou ambiente de trabalho. Pegue um papel e escreva uma frase bonita, um elogio, uma lembrança boa ou faça um desenho. Dobre e coloque dentro da caixa. Convide outras pessoas a fazerem o mesmo. Qualquer um que sentir que precisa de uma surpresa agradável pode abrir a caixinha e escolher um papelzinho.

PROCURAR COISAS ESCONDIDAS COM A AJUDA DO GRUPO

Valores trabalhados: Descontração, Cooperação, Diversão, Animação, Alegria.
Escolham alguém para ser o "procurador" e peçam que ele saia do recinto. Escondam qualquer objeto nos arredores.

Avisem quando o "procurador" puder começar a procurar. Auxiliem-no com o tradicional quente/frio ou batendo palmas para indicar quando ele estiver próximo ao objeto.

IMITE O LÍDER

Valores trabalhados: Coordenação, Descontração, Diversão, Atenção, Alegria.
Escolham alguém para ser o "adivinhador" e peçam que ele saia do recinto. Escolham um líder. O líder fará movimentos lentos que serão imitados por todos do grupo. O "adivinhador" terá que descobrir quem é o líder.

JARDIM DE AMORES

Valores trabalhados: Amor, Validação, Carinho, Admiração, Apreciação.
Confeccionem em papelão várias flores com pétalas. Os participantes colocarão seu próprio nome no miolo e nas pétalas colocarão os nomes das pessoas que amam. Poderão depois criar um vaso ou painel com esse jardim de flores e de amores e fazer uma cerimônia de leitura das pessoas citadas.

ADIVINHE QUEM É

Valores trabalhados: Amor, Validação, Carinho, Admiração, Apreciação.
Sentem-se formando um círculo; cada um escolhe uma pessoa para elogiar, falando o que admira na pessoa escolhida. Os outros participantes têm que adivinhar de quem se trata.

SOBRE A AUTORA

Sou descendente de italianos e mineiros por parte de mãe e marroquinos e portugueses por parte de pai. Desde a adolescência procurava respostas sobre o fenômeno chamado vida; além disso, queria entender a consciência e o comportamento humano e pensava em trabalhar com divulgação científica. Essas questões me levaram a escolher três cursos diferentes. Me formei em Biologia pela Universidade Federal de São Carlos e em Jornalismo pela FIAM; fiz mestrado em Psicologia Experimental pela USP e cursei, durante um ano e meio, doutorado pelo Núcleo de Neurociências e Comportamento da USP, mas acabei trancando a matrícula. Minha curiosidade me conduziu também a estudar Astronomia e Astrologia.

Ao longo da minha vida profissional atuei em diversas áreas. Fui bolsista num Laboratório de Fisiologia de Algas, pesquisadora no Instituto Oceanográfico da USP, consultora ambiental, produtora de TV e estagiária em um Zoológico de São Carlos. Em 1997 e 1998, voltei a me interessar por Astrologia e atendi muitos clientes, dei cursos e publiquei *Astrologia sem Mistério*, um livro para Iniciantes. Em 1999 idealizei o VIVA!, uma publicação impressa sobre Ciência e Esoterismo que circulou por mais de um ano, mas que foi interrompida quando comecei a trabalhar como jornalista em um portal de meio ambiente. Para não abandonar definitivamente minha publicação, criei um *site* (www.jornalviva.com.br) e o VIVA! passou a existir somente na internet. Em seguida participei, na TV Cultura, do quadro "Biodiversidade Brasil" do Repórter Eco e trabalhei numa ONG, onde fui uma das coordenadoras de um Projeto de Agenda 21. De 2004 até o presente momento tenho me dedicado aos valores humanos. Nesse período, escrevi vários artigos sobre o tema (grande parte deles publicado no Jornal VIVA!), desenvolvi o Curso "Cultivando os Valores Humanos" e atualmente estou finalizando um jogo de tabuleiro que criei, "O Jogo dos Valores e das Virtudes". Fiz também algumas oficinas de valores com crianças e escrevi o livro que está em suas mãos.

Vejo os valores humanos como uma referência; para mim, eles são a base de tudo e determinam quem somos e o que fazemos. Tenho a tendência a acreditar que a história que se desenrola em uma existência, com seu enredo de maravilhas e dramas, tem como único ou talvez principal propósito desenvolver umas poucas características ou valores que passarão a compor o tecido do nosso espírito.

Nesta vida me considero boa em organização, perseverança e generosidade. Progredi muito em perdão. Estou melhorando em disciplina e equilíbrio. Tenho muito que aprender acerca de abertura, entrega e desapego. Prezo o amor, a liberdade e a paz.

Sou uma pessoa cheia de paixão por viver. Me interesso por Filosofia e Mitologia. Adoro a Ciência de modo geral, mas embora valorize o método científico sou também fascinada pelos assuntos ainda chamados místicos ou esotéricos. Na verdade, sou pelo Conhecimento e pela Sabedoria. Sinto que sabemos muito pouco ainda a respeito da realidade e por isso sou a favor de toda pesquisa e estudo sérios que auxiliem a expansão da consciência e o triunfo do gênero humano.

Adoro ler. Gosto de me exercitar e de fazer caminhadas pela Natureza. Sou ligada a minha família. Amo crianças. Estou sempre ouvindo música. Tenho muita afeição pelos animais, já tive patos, peixes, pintinhos, gatos e cachorro, mas atualmente só cuido de um coelhinho branco e lindinho chamado Auí. Viajo sempre que posso porque me encanta conhecer todo tipo de gente, de cenários e de Culturas. Vejo a Terra como sendo nossa Mãe, um organismo consciente que pulsa e vive e apóio todo tipo de movimento que tenha por objetivo cuidar dela e protegê-la. Entendo o Universo, com suas infindáveis estrelas e planetas, como uma entidade viva, assim como creio na consciência presente desde a menor onda de energia ou partícula de matéria. Reverencio toda a criação divina e sou muito grata pela oportunidade de estar vivendo e participando deste momento tão importante da Humanidade.

Para mais informações e material sobre Valores Humanos, você pode consultar o site: www.jornalviva.com.br, edições, 12, 13 e 14.

Para saber sobre "O Jogo dos Valores e das Virtudes", ou o Curso "Cultivando os Valores Humanos", e/ou entrar em contato comigo, escreva para o e-mail: contato@jornalviva.com.br